100 MARINADE RECEPT SOM KAN SALTAS, STEKAS OCH ÄTAS

Den Ultimata Pickling Kvitto Samling

LISBETH NYBERG

Copyright Material ©2024

Alla rättigheter förbehållna

Ingen del av denna bok får användas eller överföras i någon form eller på något sätt utan korrekt skriftligt medgivande från utgivaren och upphovsrättsinnehavaren, förutom korta citat som används i en recension. Den här boken bör inte betraktas som en ersättning för medicinsk, juridisk eller annan professionell rådgivning.

INNEHÅLLSFÖRTECKNING

INNEHÅLLSFÖRTECKNING **3**
INTRODUKTION **6**
FRUKT PICKLES **7**
   1. Kryddad fikongurka 8
   2. Inlagda rödbetor 10
   3. Blandade fruktgurka 12
   4. Kryddade äppelringar 14
   5. Cantaloupe pickles 16
   6. Mango pickle 18
   7. Söt och kryddig ananasgurka 20
   8. Gingered päron pickle 22
   9. Tranbärsapelsingurka 24
   10. Kiwi Jalapeño Pickle 26
   11. Plommon och ingefära pickle 28
   12. Tropisk frukt medley pickle 30
   13. Hallon Balsamic Pickle 32
   14. Citrus ingefära pickle 34
   15. Honung-Lime Mango Pickle 36
   16. Körsbärsmandelgurka 38
   17. Citron basilika pickle 40
   18. Guava Chili Pickle 42
   19. Blueberry Mint Pickle 44
   20. Starfruit Ginger Pickle 46
   21. Kryddad apelsingurka 48
   22. Söta Och Tangy Betor Pickles 50
GRÖNTSAKSAKER **52**
   23. Dill Pickles 53
   24. Bröd-och-smör pickles 55
   25. Fresh-Pack Dill Pickles 57
   26. Zucchini-ananas pickle 59
   27. Söta gurkagurka 61
   28. Fjorton -dagars söta pickles 63
   29. Snabba söta pickles 65
   30. Inlagd sparris 67
   31. Inlagda dillade bönor 69
   32. Inlagd trebönssallad 71
   33. Inlagda morötter 73
   34. Inlagd blomkål / Bryssel 75
   35. Chayote och Jicama Pickle 77
   36. Bröd-och-smör inlagd Jicama 79

37. Marinerade hela svampar 81
38. Inlagd dilled Okra 83
39. Inlagd pärllök 85
40. Paprika med citron och oregano 87
41. Inlagd paprika 89
42. Inlagd varm paprika 91
43. Inlagda Jalapeño-pepparringar 93
44. Inlagda gulpepparringar 95
45. Inlagda söta gröna tomater 97
46. Inlagd bröd-och-smör zucchini 99
47. Sweet pickle gurka 101
48. Sliced Dill Pickles 103
49. Sliced Sweet Pickles 105

BLANDADE GRÖNTSAKSAKER 107

50. Piccalilli 108
51. Inlagda blandade grönsaker 110
52. Giardiniera 112
53. Söt Och Kryddig Blandad Pickle 114
54. Inlagda grönsaker från Medelhavet 116
55. Tangy asiatiska inlagda grönsaker 118
56. Indisk blandad pickle (Achaar) 120

KIMCHI 122

57. Napa Kål Kimchi 123
58. Kinesisk Kål Och Bok Choy Kimchi 125
59. kinesiska Kimchi 128
60. Vit Kimchi 130
61. Rädisa Kimchi 132
62. Snabb Kimchi med gurka 135
63. Vegansk Kimchi 137
64. Baechu Kimchi (Kimchi med hel kål) 139
65. Gurka Kimchi/Oi- Sobagi 141
66. Vit Rädisa Kimchi/ Kkakdugi 144
67. Gräslök Kimchi/Pa-Kimchi 147

SURKÅL 149

68. Grundläggande surkål 150
69. Kryddad inlagd kål 152
70. Kryddig asiatisk inlagd kål 154
71. Äppelcidervinäger Inlagd kål 156
72. Dill Och Vitlök Inlagd Kål 158
73. Äpple och morot surkål 160
74. Ingefära och gurkmeja surkål 162
75. Jalapeño och vitlök surkål 164
76. Betor och kål surkål 166

77. Ananas Jalapeño surkål 168
78. Curry Kraut 170
79. Apelsin och rosmarin surkål 172
80. Dill Inlagd surkål 174
81. Rökig paprika surkål 176

PILADE CHUTNEYS OCH FRÅN 178

82. Chayote Pear Relish 179
83. Tangy Tomatillo Relish 181
84. Inlagd grön tomatrelish 183
85. Mango Ginger Salsa 185
86. Pickle Relish 187
87. Tomatillo och avokado Relish 189
88. Inlagd paprika-lökrelish 191
89. Inlagd majsrelish 193
90. Kryddig Jicama Relish 195
91. Inlagd grön tomatrelish 197
92. Inlagd paprika-lökrelish 199
93. Krydd persika äpplesalsa 201
94. Kryddig kanel Jicama Relish 203
95. Tranbärs-apelsinchutney 205
96. Mango Chutney 207
97. Tranbärs-apelsinrelish med ingefära 209
98. Inlagd fikon och rödlökchutney 211
99. Rostad röd paprika och valnötsrelish 213
100. Ananas Mint Chutney 215

SLUTSATS 217

INTRODUKTION

Dyk in i en värld av syrliga, krispiga och smakrika läckerheter med "100 marinade recept som kan saltas, stekas och ätas" den ultimata samlingen av picklingsrecept som kommer att lyfta dina smaklökar och förvandla vanliga ingredienser till extraordinära godsaker. Den här kokboken är din guide till konsten att sylta, där alkemin av saltlake och tid förvandlar frukt, grönsaker och mer till oemotståndliga, pigga skapelser. Med 100 noggrant utformade recept, gör dig redo att ge dig ut på ett kulinariskt äventyr som visar upp mångsidigheten och läckerheten hos inlagda läckerheter.

Föreställ dig burkar fodrade med livfulla nyanser, som var och en innehåller en unik blandning av kryddor, örter och inläggningsmagi. "Inlagd" är inte bara en samling recept; det är en hyllning till den uråldriga traditionen att bevara, förhöja smaker och lägga till en härlig punch till dina måltider. Oavsett om du är en erfaren picklare eller en nyfiken nybörjare, är dessa recept utformade för att inspirera till kreativitet i köket och glädja din gom med varje syrlig tugga.

Från klassiska dillgurka till innovativa inlagda frukter och från krispiga stekta inlagda till aptitretande inlagda tillbehör, denna kollektion täcker hela spektrumet av inläggningsmöjligheter. Oavsett om du är värd för en sommargrill, skapar en fantastisk charkuteribräda eller helt enkelt vill lägga till pizzor till dina dagliga måltider, är "Pickled" din bästa resurs för behärskning av inläggning.

Följ med oss när vi utforskar saltlakens transformativa kraft, konsten att balansera smaker och glädjen att skapa inlagda mästerverk som kommer att bli stjärnorna i din kulinariska repertoar. Så, ta tag i dina burkar, kavla upp ärmarna och låt oss dyka in i picklingens värld med "100 marinade recept som kan saltas, stekas och ätas".

FRUKT PICKLES

1. Kryddad fikongurka

INGREDIENSER:
- 2 dl färska fikon, halverade
- 1/2 kopp balsamvinäger
- 1/4 kopp honung
- 1 tsk senapsfrön
- 1/2 tsk svartpeppar
- 1/2 tsk kanel
- Nypa salt

INSTRUKTIONER:
a) I en kastrull, kombinera balsamvinäger, honung, senapsfrön, svartpeppar, kanel och en nypa salt. Sjud tills blandningen tjocknar något.
b) Tillsätt halverade fikon i kastrullen och koka tills fikonen mjuknat.
c) Låt den kryddade fikonsyran svalna innan du överför den till rena burkar. Förslut och kyl.
d) Denna pickle är ett underbart tillskott till sallader eller kan serveras tillsammans med grillat kött.

2.Inlagda rödbetor

INGREDIENSER:
- 7 lbs. av rödbetor
- 4 koppar 5% vinäger
- 1-2 teskedar inläggningssalt
- 2 koppar socker
- 2 koppar vatten
- 2 kanelstänger
- 12 hela nejlikor
- 4 lökar, skala och skiva tunt d

INSTRUKTIONER:
a) Kock rödbetor tills de är mjuka, ca 25 minuter.
b) Coola rödbetor och slip av skinn. Skiva rödbetor.
c) Blanda vinäger, salt, socker och färskvatten.
d) Bind kryddor i en ostdukspåse och lägg till blandningen.
e) Tillsätt rödbetor och lök. Sjud i 5 minuter.
f) Ta bort kryddpåsen.
g) Fyll varma burkar med rödbetor och lök, lämna 1/2-tums utrymme.
h) Tillsätt varm vinägerlösning, ge 1/2-tums utrymme.
i) Släpp luftbubblor.
j) Stäng burkarna tätt och värm sedan i 5 minuter i ett vattenbad.

3.Blandade fruktgurka

INGREDIENSER:
- 3 lbs. persikor
- 3 lbs. Päron, skala ed, halvera d, kärna d och skär i tärningar
- 1 1/2 lbs. undermogen grön druva utan kärnor
- 10-oz burk maraschino körsbär
- 3 koppar socker
- 4 koppar vatten

INSTRUKTIONER:
a) Sänk ner druvorna i en askorbinsyralösning.
b) Doppa persikor i kokande vatten i 1 minut för att lossa skinn.
c) Dra av skalet. Dela på hälften, kub och förvara i lösning med vindruvor.
d) Tillsätt päron.
e) Häll av blandad frukt.
f) Koka upp socker och vatten i en kastrull. Tillsätt 1/2 kopp av den varma sirapen till varje het burk
g) Tillsätt sedan några körsbär och fyll försiktigt burken med blandad frukt och mer het sirap.
h) Lämna 1/2-tums utrymme.
i) Släpp luftbubblor.
j) Stäng burkarna tätt och värm sedan i 5 minuter i ett vattenbad.

4.Kryddade äppelringar

INGREDIENSER:
- 12 lbs. fasta syrliga äpplen , tvättade, skivade d, och kärna d
- 12 koppar socker
- 6 dl vatten
- 1/4 kopp 5% vit vinäger
- 8 kanelstänger
- 3 msk hela kryddnejlika
- 1 tsk röd matfärg

INSTRUKTIONER:
a) jag fördjupar mig äpplen i en askorbinsyralösning .
b) Kombinera socker, vatten, vinäger, kryddnejlika, kanelgodis och stavar och matfärg.
c) Vispa och låt sjuda i 3 minuter.
d) Häll av äpplena, lägg till den heta sirapen och koka i 5 minuter.
e) Fyll varma burkar med äppelringar och het smaksatt sirap, lämna 1/2-tums utrymme .
f) Släpp luftbubblor.
g) Stäng burkarna tätt och värm sedan i 5 minuter i ett vattenbad.

5. Cantaloupe pickles

INGREDIENSER:
- 5 lbs. av 1-tums cantaloupe kuber
- 1 tsk krossade rödpepparflingor
- 2 kanelstänger
- 2 tsk malda kryddnejlika
- 1 tsk mald ingefära
- 4 1/2 dl cider 5% vinäger
- 2 koppar vatten
- 1 1/2 dl vitt socker
- 1 1/2 dl farinsocker

INSTRUKTIONER:
DAG ETT:
a) Lägg cantaloupe, pepparflingor, kanelstänger, kryddnejlika och ingefära i en kryddpåse.
b) Blanda ättika och vatten i en kastrull. Koka upp.
c) Tillsätt kryddpåse och dra i 5 minuter, rör dig sporadiskt.
d) Häll över melonbitar i skålen.
e) Kyl över natten.

ANDRA DAGEN:
f) Häll vinägerlösningen i en kastrull; låt koka upp.
g) Tillsätt socker och cantaloupe och låt koka upp igen.
h) S imme r , ca 1 till 1/4 timme. Avsätta.
i) Koka upp den återstående vätskan i ytterligare 5 minuter.
j) Tillsätt cantaloupen och låt den koka upp igen.
k) Häll bitarna i varma pintburkar och lämna 1 tums utrymme.
l) Toppa med kokande sirap, lämna 1/2-tums utrymme.
m) Släpp luftbubblor.
n) Stäng burkarna tätt och värm sedan i 5 minuter i ett vattenbad.

6. Mango pickle

INGREDIENSER:
- 2 koppar rå mango, skalad och tärnad
- 1/2 kopp senapsolja
- 1 msk senapsfrön
- 1 tsk bockhornsklöverfrön
- 1 tsk fänkålsfrön
- 1 tsk gurkmeja
- 1 msk rött chilipulver
- 1 matsked salt
- 1 matsked jaggery (valfritt, för sötma)

INSTRUKTIONER:
a) Värm senapsolja tills den ryker och låt den sedan svalna något.
b) Torrrosta senapsfrön, bockhornsklöverfrön och fänkålsfrön i en panna tills de doftar. Mal dem till ett grovt pulver.
c) Blanda det malda kryddpulvret med gurkmeja, röd chilipulver, salt och jaggery.
d) I en skål, kombinera tärnad rå mango med kryddblandningen.
e) Häll den något avsvalnade senapsoljan över mangoblandningen och blanda väl.
f) Överför mangopicken till rena burkar, förslut tätt och låt den mogna några dagar innan servering.

7. Söt och kryddig ananasgurka

INGREDIENSER:
- 2 koppar ananas, tärnad
- 1/2 kopp vit vinäger
- 1/2 kopp socker
- 1 tsk senapsfrön
- 1 tsk fänkålsfrön
- 1 tsk röda chiliflakes
- 1/2 tsk gurkmeja
- 1/2 tsk svart salt

INSTRUKTIONER:
a) I en kastrull, kombinera vit vinäger, socker, senapsfrön, fänkålsfrön, röda chiliflakes, gurkmeja och svart salt. Värm tills sockret löst sig.
b) Lägg i tärnad ananas i kastrullen och låt sjuda tills ananasen mjuknar något.
c) Låt den söta och kryddiga ananassyran svalna innan du överför den till rena burkar. Förslut och kyl.
d) Denna pickle är ett utsökt tillbehör till grillat kött eller kan avnjutas på egen hand.

8.Gingered päron pickle

INGREDIENSER:
- 2 dl päron, skalade och skivade
- 1/2 kopp äppelcidervinäger
- 1/2 kopp honung
- 1 msk färsk ingefära, riven
- 1 tsk senapsfrön
- 1/2 tsk kanel
- 1/2 tsk kryddnejlika
- Nypa salt

INSTRUKTIONER:
a) I en kastrull, kombinera äppelcidervinäger, honung, riven ingefära, senapsfrön, kanel, kryddnejlika och en nypa salt. Låt koka upp.
b) Lägg i skivade päron i kastrullen och koka tills päronen är mjuka men inte mosiga.
c) Låt den ingefära päronsyran svalna innan du överför den till rena burkar. Förslut och kyl.
d) Denna pickle passar bra med ost och kex eller som krydda till fläskrätter.

9.Tranbärsapelsingurka

INGREDIENSER:
- 2 dl färska tranbär
- 1 dl apelsinskal, tunt skivat
- 1 kopp socker
- 1 kopp vit vinäger
- 1 tsk kanel
- 1/2 tsk kryddnejlika
- Nypa salt

INSTRUKTIONER:
a) I en kastrull, kombinera socker, vit vinäger, kanel, kryddnejlika och en nypa salt. Låt sjuda tills sockret lösts upp.
b) Tillsätt färska tranbär och tunt skivat apelsinskal i kastrullen. Koka tills tranbären spricker och blandningen tjocknar.
c) Låt tranbärsapelsinsyran svalna innan du överför den till rena burkar. Förslut och kyl.
d) Denna pickle är ett festligt tillskott till semestermåltider och passar bra med fågelrätter.

10. Kiwi Jalapeño Pickle

INGREDIENSER:
- 2 dl kiwi, skalad och skivad
- 1-2 jalapeños, skivade (justera baserat på krydda preferenser)
- 1/2 kopp risvinäger
- 1/4 kopp honung
- 1 tsk svarta sesamfrön
- Nypa salt

INSTRUKTIONER:
a) I en skål, kombinera risvinäger, honung, svarta sesamfrön och en nypa salt. Blanda tills det är väl blandat.
b) Lägg i skivad kiwi och jalapeños i skålen och se till att de är belagda med vinägerblandningen.
c) Låt kiwi jalapeño inläggningen marinera i minst en timme innan du överför den till rena burkar. Förslut och kyl.
d) Denna pickle ger en söt och kryddig kick till sallader eller som topping för grillad fisk.

11.Plommon och ingefära pickle

INGREDIENSER:

- 2 dl plommon, urkärnade och halverade
- 1/2 kopp äppelcidervinäger
- 1/4 kopp farinsocker
- 1 msk färsk ingefära, riven
- 1 tsk senapsfrön
- 1/2 tsk korianderfrön
- Nypa salt

INSTRUKTIONER:

a) I en kastrull, kombinera äppelcidervinäger, farinsocker, riven ingefära, senapsfrön, korianderfrön och en nypa salt. Sjud tills sockret löst sig.
b) Tillsätt halverade plommon i kastrullen och koka tills plommonen är mjuka.
c) Låt plommon- och ingefärsgurka svalna innan du överför den till rena burkar. Förslut och kyl.
d) Denna pickle är en härlig krydda för grillat kött eller kan avnjutas med ost och kex.

12.Tropisk frukt medley pickle

INGREDIENSER:
- 1 dl mango, tärnad
- 1 kopp ananas, tärnad
- 1 kopp papaya, tärnad
- 1/2 kopp limejuice
- 1/4 kopp honung
- 1 tsk chilipulver
- 1/2 tsk spiskummin
- Nypa salt

INSTRUKTIONER:
a) I en skål, kombinera tärnad mango, ananas och papaya.
b) I en separat skål, vispa ihop limejuice, honung, chilipulver, spiskummin och en nypa salt.
c) Häll dressingen över den tropiska fruktblandningen och rör tills den är väl täckt.
d) Låt inläggningen marinera i minst en timme innan du överför den till rena burkar. Förslut och kyl.
e) Denna tropiska fruktgurka är ett uppfriskande tillskott till sommarsallader eller kan serveras till grillad skaldjur.

13.Hallon Balsamic Pickle

INGREDIENSER:
- 2 dl färska hallon
- 1/2 kopp balsamvinäger
- 1/4 kopp honung
- 1 tsk svartpeppar
- Nypa salt

INSTRUKTIONER:
a) I en kastrull, kombinera balsamvinäger, honung, svartpeppar och en nypa salt. Värm tills blandningen tjocknar något.
b) Tillsätt färska hallon i kastrullen och koka tills hallonen bryts ner och blandningen får en syltliknande konsistens.
c) Låt hallonbalsamiconen svalna innan du överför den till rena burkar. Förslut och kyl.
d) Denna söta och syrliga pickle passar bra med ost eller kan användas som topping till desserter.

14. Citrus ingefära pickle

INGREDIENSER:
- 1 kopp apelsinsegment, skalade
- 1 kopp grapefruktsegment, skalade
- 1 msk färsk ingefära, finriven
- 1/4 kopp vitvinsvinäger
- 1/4 kopp socker
- 1/2 tsk kardemumma
- Nypa salt

INSTRUKTIONER:
a) I en skål, kombinera apelsinsegment, grapefruktsegment och finriven ingefära.
b) Värm vitvinsvinäger, socker, kardemumma och en nypa salt i en kastrull. Rör om tills sockret löst sig.
c) Häll den varma vinägerblandningen över citrus- och ingefärsblandningen. Blanda väl.
d) Låt citrus ingefärsgurka svalna innan du överför den till rena burkar. Förslut och kyl.
e) Denna pickle är ett uppfriskande tillskott till sallader eller kan serveras till grillad kyckling eller fisk.

15. Honung-Lime Mango Pickle

INGREDIENSER:
- 2 koppar mogen mango, tärnad
- 1/4 kopp limejuice
- 2 matskedar honung
- 1 tsk chilipulver
- 1/2 tsk spiskummin
- Nypa salt

INSTRUKTIONER:
a) I en skål, kombinera tärnad mogen mango, limejuice, honung, chilipulver, spiskummin och en nypa salt.
b) Blanda ingredienserna tills mangon är väl belagd med honung-limeblandningen.
c) Låt honung-lime mango pickles marinera i minst en timme innan du överför den till rena burkar. Förslut och kyl.
d) Denna söta och kryddiga pickle är ett härligt tillbehör till grillat kött eller kan avnjutas på egen hand.

16.Körsbärsmandelgurka

INGREDIENSER:
- 2 dl färska körsbär, urkärnade och halverade
- 1/2 kopp rödvinsvinäger
- 1/4 kopp mandelskivor
- 2 matskedar socker
- 1/2 tsk vaniljextrakt
- Nypa salt

INSTRUKTIONER:
a) I en kastrull, kombinera rödvinsvinäger, mandelskivor, socker, vaniljextrakt och en nypa salt. Värm tills sockret löst sig.
b) Tillsätt urkärnade och halverade färska körsbär i kastrullen och koka tills körsbären mjuknat.
c) Låt körsbärsmandelgurka svalna innan du överför den till rena burkar. Förslut och kyl.
d) Denna pickle är ett unikt tillskott till sallader eller kan serveras till desserter som vaniljglass.

17.Citron basilika pickle

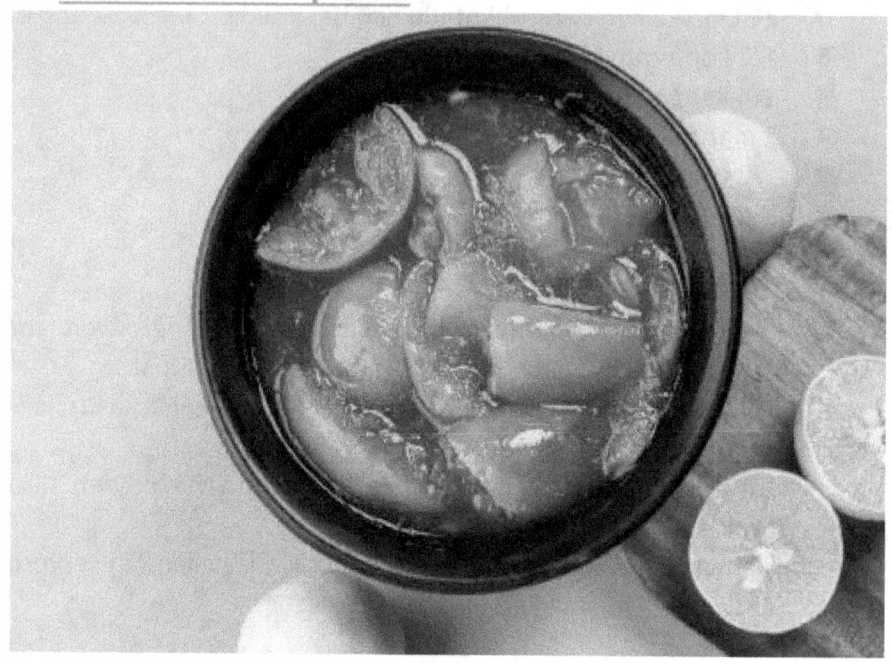

INGREDIENSER:
- 2 dl citron, tunt skivad
- 1/2 kopp färska basilikablad, hackade
- 1/4 kopp vitvinsvinäger
- 2 matskedar socker
- 1 tsk svartpepparkorn
- Nypa salt

INSTRUKTIONER:
a) I en skål, kombinera tunt skivade citroner, hackad färsk basilika, vitvinsvinäger, socker, svartpepparkorn och en nypa salt.
b) Blanda ingredienserna tills citronskivorna är väl belagda med vinägerblandningen.
c) Låt citronbasilikagurka marinera i minst en timme innan du överför den till rena burkar. Förslut och kyl.
d) Denna pickle lägger till en skur av citrus- och örtsmaker till sallader eller kan användas som garnering för skaldjursrätter.

18. Guava Chili Pickle

INGREDIENSER:
- 2 koppar mogen guava, tärnad
- 1/4 kopp limejuice
- 2 msk chilipulver
- 1 msk honung
- 1 tsk spiskummin
- Nypa salt

INSTRUKTIONER:
a) I en skål, kombinera tärnad mogen guava, limejuice, chilipulver, honung, spiskummin och en nypa salt.
b) Blanda ingredienserna tills guavan är väl belagd med chili-limeblandningen.
c) Låt guava chili inläggningen marinera i minst en timme innan du överför den till rena burkar. Förslut och kyl.
d) Denna söta och kryddiga pickle är ett unikt och tropiskt tillskott till sallader eller kan avnjutas på egen hand.

19. Blueberry Mint Pickle

INGREDIENSER:
- 2 dl färska blåbär
- 1/2 kopp äppelcidervinäger
- 1/4 kopp honung
- 1/4 kopp färska myntablad, hackade
- 1/2 tsk kanel
- Nypa salt

INSTRUKTIONER:
a) I en kastrull, kombinera äppelcidervinäger, honung, hackade myntablad, kanel och en nypa salt. Värm tills honungen löser sig.
b) Tillsätt färska blåbär i kastrullen och låt sjuda tills bären mjuknat något.
c) Låt blåbärsmyntan svalna innan du överför den till rena burkar. Förslut och kyl.
d) Denna pickle är ett härligt tillskott till yoghurt, desserter, eller kan serveras som en krydda för grillat kött.

20. Starfruit Ginger Pickle

INGREDIENSER:
- 2 koppar starfruit (carambola), skivad
- 1/4 kopp risvinäger
- 2 msk färsk ingefära, riven
- 1 matsked socker
- 1 tsk svarta sesamfrön
- Nypa salt

INSTRUKTIONER:
a) I en skål kombinerar du skivad starfrukt, risvinäger, riven ingefära, socker, svarta sesamfrön och en nypa salt.
b) Kasta ingredienserna tills starfruiten är väl belagd med vinägerblandningen.
c) Låt starfrukten ingefära marinera i minst en timme innan du överför den till rena burkar. Förslut och kyl.

21.Kryddad apelsingurka

INGREDIENSER:
- 1,4 kg (ca 4 stora) apelsiner
- 1 tsk salt
- 400 g strösocker
- 21/2 msk gyllene sirap
- 185 ml (3/4 kopp) vitvinsvinäger
- 125 ml (1/2 kopp) färsk apelsinjuice
- 6 skivor färsk ingefära
- 1 tsk svartpepparkorn, krossade
- 1 kanelstång
- 1 tsk hela kryddnejlika

INSTRUKTIONER:
a) Lägg apelsinerna och saltet i en stor kastrull och täck med kallt vatten.
b) Lägg en tallrik över apelsinerna för att hålla dem under vatten.
c) Låt sjuda på medelhög värme. Koka i 40 minuter eller tills apelsinerna är mjuka. Dränera. Ställ åt sidan för att svalna. Skär apelsinerna på mitten och skär sedan i tunna skivor på tvären.
d) Rör socker, gyllene sirap, vinäger, apelsinjuice, ingefära, pepparkorn, kanelstång och kryddnejlika i en stor kastrull på medelvärme tills sockret löst sig.
e) Tillsätt apelsinen. Låt koka upp. Sänk värmen till låg. Koka i 20 minuter.
f) Överför till steriliserade burkar och förslut. Förvara på en sval, mörk plats eller i kylen i minst 3 veckor innan du öppnar för att utveckla smakerna.

22.Söta Och Tangy Betor Pickles

INGREDIENSER:
- 2 dl rödbetor, skalade och skivade
- 1 dl rödlök, tunt skivad
- 1 kopp äpple, tärnat
- 1 dl gyllene russin
- 1 kopp äppelcidervinäger
- 1 kopp vatten
- 1 kopp farinsocker
- 1 tsk kanel
- 1 tsk kryddnejlika
- 1 tsk kryddpeppar

INSTRUKTIONER:
a) I en kastrull, kombinera äppelcidervinäger, vatten, farinsocker, kanel, kryddnejlika och kryddpeppar. Koka upp, rör om tills sockret lösts upp.
b) Tillsätt rödbetor, rödlök, äpple och gyllene russin till den kokande blandningen. Koka tills rödbetorna är mjuka.
c) Låt blandningen svalna innan du överför den till rena burkar. Förslut och kyl.
d) Dessa söta och syrliga rödbetsgurka är ett härligt tillskott till sallader eller som en unik tillbehör.

GRÖNTSAKSAKER

23. Dill Pickles

INGREDIENSER:
- 4 lbs. av 4-tums inläggningsgurka
- 2 matskedar dillfrö eller 4 till 5 huvuden färsk eller torr dill
- 1/2 kopp salt
- 1/4 kopp vinäger (5%
- 8 koppar vatten och en eller flera av följande :
- 2 vitlöksklyftor (valfritt)
- 2 torkade röda paprikor (valfritt)
- 2 tsk hela blandade syltkryddor

INSTRUKTIONER:
a) Tvätta gurkor. Skär 1/16-tums skiva av blomkanten och kassera. Lämna 1/4-tum av skaftet fäst. Lägg hälften av dill och kryddor på botten av en ren, lämplig behållare .
b) Tillsätt gurka, resterande dill och kryddor. Lös salt i vinäger och vatten och häll över gurkan.
c) Lägg på lämpligt skydd och vikt. Förvara där temperaturen är mellan 70° och 75°F i cirka 3 till 4 veckor under jäsning. Temperaturer på 55° till 65°F är acceptabla, men jäsningen tar 5 till 6 veckor.
d) Undvik temperaturer över 80°F, annars blir pickles för mjuka under jäsningen. Jäsande pickles härdar långsamt. Kontrollera behållaren flera gånger i veckan och ta genast bort ytavskum eller mögel. Varning: Om pickles blir mjuka, slemmiga eller utvecklar en obehaglig lukt, kassera dem.
e) Heljästa pickles kan förvaras i originalbehållaren i cirka 4 till 6 månader, förutsatt att de är kylda och ytavskum och mögel tas bort regelbundet. Att konservera heljästa pickles är ett bättre sätt att lagra dem. För att kunna dem, häll saltlaken i en kastrull, värm långsamt till en kokning och låt sjuda i 5 minuter. Filtrera saltlake genom papperskaffefilter för att minska grumlighet, om så önskas.
f) Fyll varm burk med pickles och het saltlake, lämna 1/2-tums huvudutrymme.
g) Ta bort luftbubblor och justera utrymmet vid behov. Torka av kanterna på burkar med en fuktad ren pappershandduk.
h) Justera locken och bearbeta .

24. Bröd-och-smör pickles

INGREDIENSER:
- 6 lbs. av 4- till 5-tums inläggningsgurkor
- 8 dl tunt skivad lök
- 1/2 kopp konserv- eller inläggningssalt
- 4 koppar vinäger (5%)
- 4-1/2 dl socker
- 2 msk senapsfrö
- 1-1/2 msk sellerifrö
- 1 msk mald gurkmeja
- 1 dl inläggningslime

INSTRUKTIONER:
a) Tvätta gurkor. Skär 1/16-tum av blomkanten och kassera. Skär i 3/16-tums skivor. Kombinera gurka och lök i en stor skål. Lägg till Salt. Täck med 2 tum krossad eller tärnad is. Kyl 3 till 4 timmar, tillsätt mer is efter behov.
b) Blanda resten av ingredienserna i en stor kastrull. Koka 10 minuter. Låt rinna av och tillsätt gurka och lök och värm sakta upp till kokning. Fyll varma pintburkar med skivor och matlagningssirap, lämna 1/2-tums huvudutrymme. Ta bort luftbubblor och justera utrymmet vid behov. Torka av kanterna på burkar med en fuktad ren pappershandduk.
c) Justera locken och fortsätt .

25. Fresh-Pack Dill Pickles

INGREDIENSER:
- 8 lbs. av 3- till 5-tums inläggningsgurkor
- 2 liter vatten
- 1-1/4 koppar konserverings- eller inläggningssalt
- 1-1/2 liter vinäger (5%)
- 1/4 kopp socker
- 2 liter vatten
- 2 msk hel blandad inläggningskrydda
- ca 3 matskedar hela senapsfrö
- ca 14 huvuden färsk dill (1-1/2 huvuden per pintburk) eller
- 4-1/2 msk dillfrö (1-1/2 tsk per halvliters burk)

INSTRUKTIONER:
a) Tvätta gurkor. Skär 1/16-tums skiva av blomkanten och kassera, men lämna 1/4-tums stjälk kvar. Lös 3/4 kopp salt i 2 liter vatten. Häll över gurkor och låt stå i 12 timmar. Dränera.
b) Kombinera vinäger, 1/2 kopp salt, socker och 2 liter vatten. Tillsätt blandade syltkryddor bundna i en ren vit trasa. Värm till kokning. Fyll varma burkar med gurka.
c) Tillsätt 1 tsk senapsfrö och 1-1/2 huvud färsk dill per halvliter. Täck med kokande betlösning, lämna 1/2-tums huvudutrymme. Ta bort luftbubblor och justera utrymmet vid behov. Torka av kanterna på burkar med en fuktad ren pappershandduk.
d) Justera locken och bearbeta .

26. Zucchini-ananas pickle

INGREDIENSER:
- 4 liter tärnad eller strimlad zucchini
- 46 oz. konserverad osötad ananasjuice
- 1 1/2 dl citronsaft på flaska
- 3 koppar socker

INSTRUKTIONER:
a) Blanda zucchini med övriga ingredienser i en kastrull; låt koka upp .
b) Sjud i 20 minuter.
c) Fyll varma burkar med varma blandning och matlagningsvätska, vilket lämnar 1/2-tums utrymme .
d) Släpp luftbubblor.
e) Stäng burkarna tätt och värm sedan i 5 minuter i ett vattenbad.

27. Söta gurkagurka

INGREDIENSER:
- 7 lbs. gurkor (1-1/2 tum eller mindre)
- 1/2 kopp konserv- eller inläggningssalt
- 8 koppar socker
- 6 koppar vinäger (5%)
- 3/4 tsk gurkmeja
- 2 tsk sellerifrön
- 2 tsk hel blandad inläggningskrydda
- 2 kanelstänger
- 1/2 tsk fänkål (valfritt)
- 2 tsk vanilj (valfritt)

INSTRUKTIONER:
a) Tvätta gurkor. Skär 1/16-tums skiva av blomkanten och kassera, men lämna 1/4-tums stjälk kvar.
b) Lägg gurkorna i en stor behållare och täck med kokande vatten. Sex till 8 timmar senare, och igen på den andra dagen, dränera och täck med 6 liter färskt kokande vatten som innehåller 1/4 kopp salt. På den tredje dagen, dränera och pricka gurkan med en bordsgaffel.
c) Kombinera och koka upp 3 dl vinäger, 3 dl socker, gurkmeja och kryddor. Häll över gurkor. Sex till 8 timmar senare, låt rinna av och spara inläggningssirapen. Tillsätt ytterligare 2 koppar socker och vinäger vardera och värm upp till kokning. Häll över pickles.
d) På den fjärde dagen, dränera och spara sirap. Tillsätt ytterligare 2 dl socker och 1 dl vinäger. Värm till kokning och häll över pickles. Låt rinna av och spara inläggningssirap 6 till 8 timmar senare. Tillsätt 1 dl socker och 2 tsk vanilj och värm till kokning.
e) Fyll varma sterila pintburkar med pickles och täck med varm sirap, lämna 1/2-tums huvudutrymme.
f) Ta bort luftbubblor och justera utrymmet vid behov. Torka av kanterna på burkar med en fuktad ren pappershandduk.
g) Justera locken och bearbeta .

28.Fjorton -dagars söta pickles

INGREDIENSER:
- 4 lbs. av 2- till 5-tums inläggningsgurkor
- 3/4 kopp konserverings- eller inläggningssalt
- 2 tsk sellerifrö
- 2 msk blandade syltkryddor
- 5-1/2 dl socker
- 4 koppar vinäger (5%)

INSTRUKTIONER:
a) Tvätta gurkor. Skär 1/16-tums skiva av blomkanten och kassera, men lämna 1/4-tums stjälk kvar. Lägg hela gurkor i en lämplig 1-liters behållare.
b) Tillsätt 1/4 kopp konserverings- eller inläggningssalt till 2 liter vatten och koka upp. Häll över gurkor. Lägg på lämpligt skydd och vikt.
c) Placera en ren handduk över behållaren och håll temperaturen vid ca 70°F. På den tredje och femte dagen, dränera saltvatten och kassera. Skölj gurkan och lägg tillbaka gurkan i behållaren. Tillsätt 1/4 kopp salt till 2 liter färskvatten och koka upp. Häll över gurkor.
d) Sätt tillbaka locket och vikten och täck igen med en ren handduk. På den sjunde dagen, töm saltvatten och kassera. Skölj gurkor, täck och vikt.

29. Snabba söta pickles

INGREDIENSER:
- 8 lbs. av 3- till 4-tums inläggningsgurkor
- 1/3 kopp konserverings- eller inläggningssalt
- 4-1/2 dl socker
- 3-1/2 koppar vinäger (5%)
- 2 tsk sellerifrö
- 1 msk hel kryddpeppar
- 2 msk senapsfrö
- 1 kopp pickling lime (valfritt)

INSTRUKTIONER:
a) Tvätta gurkor. Skär 1/16-tum av blomändan och kassera, men lämna kvar 1/4 tum av stjälken. Skiva eller skär i remsor om så önskas. Lägg i en skål och strö över 1/3 kopp salt. Täck med 2 inches av krossad eller tärningar.
b) Kyl 3 till 4 timmar. Tillsätt mer is efter behov. Dränera väl.
c) Kombinera socker, vinäger, sellerifrö, kryddpeppar och senapsfrö i en 6-quart vattenkokare. Värm till kokning.
d) Hot pack – Tillsätt gurkor och värm långsamt tills vinägerlösningen kokar tillbaka. Rör om då och då för att säkerställa att blandningen värms jämnt. Fyll sterila burkar, lämna 1/2-tums huvudutrymme.
e) Råpack—Fyll varma burkar och lämna 1/2-tums huvudutrymme. Tillsätt varm betningssirap, lämna 1/2-tums headspace.
f) Ta bort luftbubblor och justera utrymmet vid behov. Torka av kanterna på burkar med en fuktad ren pappershandduk.
g) Justera locken och bearbeta .

30. Inlagd sparris

INGREDIENSER:
- 10 lbs. sparris
- 6 stora vitlöksklyftor
- 4-1/2 dl vatten
- 4-1/2 koppar vit destillerad vinäger (5%)
- 6 små heta paprikor (valfritt)
- 1/2 kopp konservsalt
- 3 tsk dillfrö

INSTRUKTIONER:

a) Tvätta sparrisen väl, men försiktigt, under rinnande vatten. Skär stjälkar från botten för att lämna spjut med spetsar att det i konservburken, lämnar lite mer än 1/2-tums headspace. Skala och tvätta vitlöksklyftorna.

b) Lägg en vitlöksklyfta i botten av varje burk och packa sparrisen tätt i varma burkar med de trubbiga ändarna nedåt. I en 8-liters kastrull, kombinera vatten, vinäger, paprika (valfritt), salt och dillfrö.

c) Koka upp. Lägg en varm paprika (om sådan används) i varje burk över sparrisspjut. Häll kokande het betslake över spjuten, lämna 1/2-tums headspace.

d) Ta bort luftbubblor och justera utrymmet vid behov. Torka av kanterna på burkar med en fuktad ren pappershandduk.

e) Justera locken och bearbeta.

31.Inlagda dillade bönor

INGREDIENSER:
- 4 lbs. färska mjuka gröna eller gula bönor
- 8 till 16 huvuden färsk dill
- 8 vitlöksklyftor (valfritt)
- 1/2 kopp konserv- eller inläggningssalt
- 4 koppar vit vinäger (5%)
- 4 koppar vatten
- 1 tsk varm röd paprika sjöar (valfritt)

INSTRUKTIONER:

a) Tvätta och trimma ändarna från bönor och skär till 4-tums längder. I varje het steril pintburk, placera 1 till 2 dillhuvuden och, om så önskas, 1 vitlöksklyfta. Placera hela bönor upprätt i burkar, lämna 1/2-tums huvudutrymme.

b) Putsa bönorna för att säkerställa att de är ordentliga, om det behövs. Kombinera salt, vinäger, vatten och peppar (om så önskas). Koka upp. Tillsätt varm lösning till bönor, lämna 1/2-tums headspace.

c) Ta bort luftbubblor och justera utrymmet vid behov. Torka av kanterna på burkar med en fuktad ren pappershandduk.

d) Justera locken och bearbeta.

32.Inlagd trebönssallad

INGREDIENSER:
- 1-1/2 koppar blancherade gröna / gula bönor
- 1-1/2 koppar konserverade, avrunna, röda kidneybönor
- 1 kopp konserverade, avrunna garbanzobönor
- 1/2 kopp skalad och tunt skivad lök
- 1/2 kopp putsad och tunt skivad selleri
- 1/2 kopp skivad grön paprika
- 1/2 kopp vit vinäger (5%)
- 1/4 kopp flaska citronsaft
- 3/4 kopp socker
- 1/4 kopp olja
- 1/2 tsk konserverings- eller inläggningssalt
- 1-1/4 dl vatten

INSTRUKTIONER:
a) Tvätta och knäpp av ändarna av färska bönor. Skär eller knäpp i 1- till 2-tums bitar.
b) Blanchera 3 minuter och kyl omedelbart. Skölj kidneybönor med kranvatten och låt rinna av igen. Förbered och mät alla andra grönsaker.
c) Blanda vinäger, citronsaft, socker och vatten och låt koka upp. Avlägsna från värme.
d) Tillsätt olja och salt och blanda väl. Tillsätt bönor, lök, selleri och grön paprika till lösningen och låt sjuda.
e) Marinera 12 till 14 timmar i kylskåp, värm sedan upp hela blandningen till en kokning. Fyll varma burkar med fasta partiklar. Tillsätt varm vätska, lämna 1/2-tums huvudutrymme.
f) Ta bort luftbubblor och justera utrymmet vid behov. Torka av kanterna på burkar med en fuktad ren pappershandduk.
g) Justera locken och bearbeta.

33.Inlagda morötter

INGREDIENSER:
- 2-3/4 lbs. skalade morötter
- 5-1/2 koppar vit vinäger (5%)
- 1 kopp vatten
- 2 koppar socker
- 2 tsk konservsalt
- 8 tsk senapsfrö
- 4 tsk sellerifrö

INSTRUKTIONER:
a) Tvätta och skala morötter. Skär i rundlar som är cirka 1/2 tum tjocka.
b) Kombinera vinäger, vatten, socker och konservsalt i en 8-liters holländsk ugn eller stockpot. Koka upp och koka i 3 minuter. Tillsätt morötter och låt koka upp igen. Sänk sedan värmen till en sjud och värm tills den är halvkokt (cirka 10 minuter).
c) Placera under tiden 2 tsk senapsfrö och 1 tesked sellerifrö i varje tom heta pintburk. Fyll burkar med varma morötter, lämna 1-tums huvudutrymme. Fyll med het betningsvätska, lämna 1/2-tums huvudutrymme.
d) Ta bort luftbubblor och justera utrymmet vid behov. Torka av kanterna på burkar med en fuktad ren pappershandduk.
e) Justera locken och bearbeta.

34.Inlagd blomkål / Bryssel

INGREDIENSER:
- 12 koppar 1- till 2-tums blomkålskålar eller små brysselkål
- 4 koppar vit vinäger (5%)
- 2 koppar socker
- 2 dl tunt skivad lök
- 1 kopp tärnad söt röd paprika
- 2 msk senapsfrö
- 1 msk sellerifrö
- 1 tsk gurkmeja
- 1 tsk varm röd paprika sjöar

INSTRUKTIONER:

a) Tvätta blomkålskålar eller brysselkål (ta bort stjälkar och fläckiga ytterblad) och koka i saltvatten (4 tsk konservsalt per gallon vatten) i 3 minuter för blomkål och 4 minuter för brysselkål. Låt rinna av och svalna.

b) Kombinera vinäger, socker, lök, tärnad röd paprika och kryddor i en stor kastrull. Koka upp och låt sjuda i 5 minuter. Fördela lök och tärnad paprika mellan burkar. Fyll varma burkar med bitar och betlösning, lämna 1/2-tums huvudutrymme.

c) Ta bort luftbubblor och justera utrymmet vid behov. Torka av kanterna på burkar med en fuktad ren pappershandduk.

d) Justera locken och bearbeta.

35. Chayote och Jicama Pickle

INGREDIENSER:
- 4 koppar julienned jicama
- 4 koppar julienned chayote
- 2 dl hackad röd paprika
- 2 hackade heta paprika
- 2-1/2 dl vatten
- 2-1/2 koppar cidervinäger (5%)
- 1/2 kopp vitt socker
- 3-1/2 tsk konservsalt
- 1 tsk sellerifrö (valfritt)

INSTRUKTIONER:

a) Varning: Bär plast- eller gummihandskar och rör inte vid ansiktet när du hanterar eller skär peppar. Om du inte använder handskar, tvätta händerna noggrant med tvål och vatten innan du rör vid ansiktet eller ögonen.

b) Tvätta, skala och tunt julienne jicama och chayote, kassera fröet från chayoten. Kombinera alla ingredienser utom chayote i en 8-quart holländsk ugn eller stockpot. Koka upp och koka i 5 minuter.

c) Sänk värmen till att sjuda och tillsätt chayote. Koka upp igen och sänk sedan värmen. Fyll varma fasta ämnen i varma halvlitersburkar, lämna 1/2-tum headspace.

d) Täck med kokande matlagningsvätska, lämna 1/2-tums huvudutrymme.

e) Ta bort luftbubblor och justera utrymmet vid behov. Torka av kanterna på burkar med en fuktad ren pappershandduk.

f) Justera locken och bearbeta.

36.Bröd-och-smör inlagd Jicama

INGREDIENSER:
- 14 koppar jicama i tärningar
- 3 dl tunt skivad lök
- 1 dl hackad röd paprika
- 4 koppar vit vinäger (5%)
- 4-1/2 dl socker
- 2 msk senapsfrö
- 1 msk sellerifrö
- 1 tsk mald gurkmeja

INSTRUKTIONER:
a) Kombinera vinäger, socker och kryddor i en 12 liter holländsk ugn eller stor kastrull. Rör om och låt koka upp. Rör ner beredd jicama, lökskivor och röd paprika. Koka upp igen, sänk värmen och låt sjuda i 5 minuter. Rör om då och då.
b) Fyll varma fasta ämnen i heta pintburkar, lämna 1/2-tums huvudutrymme. Täck med kokande matlagningsvätska, lämna 1/2-tums huvudutrymme.
c) Ta bort luftbubblor och justera utrymmet vid behov. Torka av kanterna på burkar med en fuktad ren pappershandduk.
d) Justera locken och bearbeta.

37. Marinerade hela svampar

INGREDIENSER:
- 7 lbs. små hela svampar
- 1/2 kopp flaska citronsaft
- 2 dl oliv- eller salladsolja
- 2-1/2 koppar vit vinäger (5%)
- 1 msk oreganoblad
- 1 msk torkade basilikablad
- 1 matsked konserverings- eller inläggningssalt
- 1/2 kopp hackad lök
- 1/4 kopp tärnad pimiento
- 2 vitlöksklyftor, skurna i fjärdedelar
- 25 svartpepparkorn

INSTRUKTIONER:

a) Välj mycket färska oöppnade svampar med lock mindre än 1-1/4 tum i diameter. Tvätta. Klipp av stjälkarna, lämna 1/4 tum fästa på locket. Tillsätt citronsaft och vatten så att det täcker. Koka upp. Sjud i 5 minuter. Häll av svamp.

b) Blanda olivolja, vinäger, oregano, basilika och salt i en kastrull. Rör ner lök och pimiento och värm till kokning.

c) Lägg 1/4 vitlöksklyfta och 2-3 pepparkorn i en halvlitersburk. Fyll varma burkar med svamp och het, välblandad olja/vinägerlösning, lämna 1/2-tums huvudutrymme.

d) Ta bort luftbubblor och justera utrymmet vid behov. Torka av kanterna på burkar med en fuktad ren pappershandduk.

e) Justera locken och bearbeta.

38. Inlagd dilled Okra

INGREDIENSER:
- 7 lbs. små okraskidor
- 6 små heta paprika
- 4 tsk dillfrö
- 8 till 9 vitlöksklyftor
- 2/3 kopp konserverings- eller inläggningssalt
- 6 dl vatten
- 6 koppar vinäger (5%)

INSTRUKTIONER:
a) Tvätta och putsa okra. Fyll varma burkar ordentligt med hel okra, lämna 1/2-tums huvudutrymme. Lägg 1 vitlöksklyfta i varje burk.
b) Blanda salt, paprika, dillfrö, vatten och vinäger i en stor kastrull och koka upp. Häll varm betningslösning över okra, lämna 1/2-tums huvudutrymme.
c) Ta bort luftbubblor och justera utrymmet vid behov. Torka av kanterna på burkar med en fuktad ren pappershandduk.
d) Justera locken och bearbeta.

39. Inlagd pärllök

INGREDIENSER:
- 8 dl skalad vit pärllök
- 5-1/2 koppar vit vinäger (5%)
- 1 kopp vatten
- 2 tsk konservsalt
- 2 koppar socker
- 8 tsk senapsfrö
- 4 tsk sellerifrö

INSTRUKTIONER:

a) För att skala lök, lägg några åt gången i en trådnätkorg eller sil, doppa i kokande vatten i 30 sekunder, ta sedan bort och lägg i kallt vatten i 30 sekunder. Skär en 1/16-tums skiva från rotänden och ta sedan bort skalet och skär 1/16-tum från den andra änden av löken.

b) Kombinera vinäger, vatten, salt och socker i en 8-liters holländsk ugn eller kärl. Koka upp och koka i 3 minuter.

c) Tillsätt skalad lök och låt koka upp igen. Sänk värmen till en sjud och värm tills den är halvkokt (cirka 5 minuter).

d) Placera under tiden 2 tsk senapsfrö och 1 tsk sellerifrö i varje tom heta pintburk. Fyll med het lök, lämna 1-tums headspace. Fyll med het betningsvätska, lämna 1/2-tums huvudutrymme.

e) Ta bort luftbubblor och justera utrymmet vid behov. Torka av kanterna på burkar med en fuktad ren pappershandduk.

f) Justera locken och bearbeta.

40. paprika med citron och oregano

INGREDIENSER:
- 4 lbs. fast paprika - Bell, ungersk, banan eller jalapeño
- 1 kopp flaska citronsaft
- 2 koppar vit vinäger (5%)
- 1 msk oreganoblad
- 1 dl oliv- eller salladsolja
- 1/2 kopp hackad lök
- 2 vitlöksklyftor, i fjärdedelar (valfritt)
- 2 matskedar beredd pepparrot (valfritt)

INSTRUKTIONER:
a) Välj din favoritpeppar. Varning: Om du väljer varm paprika, använd plast- eller gummihandskar och rör inte vid ansiktet när du hanterar eller skär paprika.
b) Tvätta, skär två till fyra skåror i varje paprika och blanchera i kokande vatten eller blisterskal på het paprika med hård skal med en av dessa två metoder:
c) Ugns- eller broilermetod för att blåsa skal – Placera paprikan i en het ugn (400°F) eller under en broiler i 6 till 8 minuter tills skalet blir blåsor.
d) Range-top-metod för att blåsa skinn – Täck den heta brännaren (antingen gas eller elektrisk) med kraftigt trådnät.
e) Lägg paprikan på brännaren i flera minuter tills skalet blir blåsor.
f) Efter blåsbildning i skalet, lägg paprikorna i en kastrull och täck med en fuktig trasa. (Detta kommer att göra det lättare att skala paprikorna.) Kyl i flera minuter; skal av skinn. Platta ut hela paprika.
g) Blanda alla resterande ingredienser i en kastrull och värm till kokning. Placera 1/4 vitlöksklyfta (valfritt) och 1/4 tsk salt i varje het halvlitersburk eller 1/2 tesked per pint. Fyll varma burkar med paprika. Tillsätt varm, välblandad olja/betningslösning över paprika, lämna 1/2-tums headspace.
h) Ta bort luftbubblor och justera utrymmet vid behov. Torka av kanterna på burkar med en fuktad ren pappershandduk.
i) Justera locken och bearbeta.

41. Inlagd paprika

INGREDIENSER:
- 7 lbs. firm paprika
- 3-1/2 dl socker
- 3 koppar vinäger (5%)
- 3 koppar vatten
- 9 vitlöksklyftor
- 4-1/2 tsk konserverings- eller inläggningssalt

INSTRUKTIONER:
a) Tvätta paprikan, skär i fjärdedelar, ta bort kärnor och frön och skär bort eventuella fläckar. Skiva paprikan i strimlor. Koka socker, vinäger och vatten i 1 minut.
b) Tillsätt paprika och låt koka upp. Placera 1/2 vitlöksklyfta och 1/4 tesked salt i varje het steril halvlitersburk; dubbla mängden för pintburkar.
c) Lägg till pepparremsor och täck med varm vinägerblandning, lämna 1/2-tum

42.Inlagd varm paprika

INGREDIENSER:
- Ungerska, banan, chile, jalapeño
- 4 lbs. varm lång röd, grön eller gul paprika
- 3 lbs. söt röd och grön paprika, blandad
- 5 koppar vinäger (5%)
- 1 kopp vatten
- 4 tsk konserverings- eller inläggningssalt
- 2 msk socker
- 2 vitlöksklyftor

INSTRUKTIONER:
a) Varning: Bär plast- eller gummihandskar och rör inte vid ansiktet när du hanterar eller skär peppar. Om du inte använder handskar, tvätta händerna noggrant med tvål och vatten innan du rör vid ansiktet eller ögonen.
b) Tvätta paprika. Om små paprika lämnas hela, skär 2 till 4 skåror i varje. Fjärde stora paprika.
c) Blanchera i kokande vatten eller blisterskal på tufft skalade paprika med någon av dessa två metoder:
d) Ugns- eller broilermetod för att blåsa skal – Placera paprikan i en het ugn (400°F) eller under en broiler i 6 till 8 minuter tills skalet blir blåsor.
e) Range-top-metod för att blåsa skinn – Täck den heta brännaren (antingen gas eller elektrisk) med kraftigt trådnät.
f) Lägg paprikan på brännaren i flera minuter tills skalet blir blåsor.
g) Efter blåsbildning i skalet, lägg paprikorna i en kastrull och täck med en fuktig trasa. (Detta kommer att göra det lättare att skala paprikorna.) Kyl i flera minuter; skal av skinn. Platta ut små paprika. Fjärde stora paprika. Fyll varma burkar med paprika, lämna 1/2-tums huvudutrymme.
h) Blanda och värm övriga ingredienser till kokning och låt sjuda i 10 minuter. Ta bort vitlöken. Tillsätt varm betningslösning över paprika, lämna 1/2-tums huvudutrymme.
i) Ta bort luftbubblor och justera utrymmet vid behov. Torka av kanterna på burkar med en fuktad ren pappershandduk.
j) Justera locken och bearbeta.

43. Inlagda Jalapeño-pepparringar

INGREDIENSER:
- 3 lbs. jalapeñopeppar
- 1-1/2 dl inlagd lime
- 1-1/2 liter vatten
- 7-1/2 koppar cidervinäger (5%)
- 1-3/4 dl vatten
- 2-1/2 matskedar konservsalt
- 3 msk sellerifrö
- 6 matskedar senapsfrö

INSTRUKTIONER:
a) Varning: Bär plast- eller gummihandskar och rör inte vid ansiktet när du hanterar eller skär peppar.
b) Tvätta paprikan väl och skär i 1/4-tums tjocka skivor. Kassera skaftänden.
c) Blanda 1-1/2 koppar betninglime med 1-1/2 liter vatten i en plastbehållare av rostfritt stål, glas eller livsmedelskvalitet. Undvik att andas in kalkdamm när du blandar kalk-vattenlösningen.
d) Blötlägg pepparskivorna i limevattnet i kylskåpet i 18 timmar, rör om då och då (12 till 24 timmar kan användas). Häll av limelösning från blötlagda paprikaringar.
e) Skölj paprikan försiktigt men noggrant med vatten. Täck paprikaringarna med färskt kallt vatten och lägg i kylen i 1 timme. Häll av vattnet från paprikan. Upprepa stegen för sköljning, blötläggning och tömning två gånger till. Häll av ordentligt på slutet.
f) Placera 1 msk senapsfrö och 1-1/2 tsk sellerifrö i botten av varje het pintburk. Packa avrunna pepparringar i burkarna, lämna 1/2-tums huvudutrymme. Koka upp cidervinäger, 1-3/4 dl vatten och konservsalt på hög värme. Häll kokande het saltlösning över pepparringar i burkar, lämna 1/2-tums huvudutrymme.
g) Ta bort luftbubblor och justera utrymmet vid behov. Torka av kanterna på burkar med en fuktad ren pappershandduk.
h) Justera locken och bearbeta.

44. Inlagda gulpepparringar

INGREDIENSER:
- 2-1/2 till 3 lbs. gul (banan) paprika
- 2 msk sellerifrö
- 4 msk senapsfrö
- 5 koppar cidervinäger (5%)
- 1-1/4 dl vatten
- 5 tsk konservsalt

INSTRUKTIONER:
a) Tvätta paprikan väl och ta bort skaftet; skiva paprika i 1/4-tums tjocka ringar. Placera 1/2 msk sellerifrö och 1 msk senapsfrö i botten av varje tom heta pintburk.
b) Fyll pepparringar i burkar, lämna 1/2-tums huvudutrymme. I en 4-quart holländsk ugn eller kastrull, kombinera cidervinäger, vatten och salt; värm till kokning. Täck pepparringarna med kokande betningsvätska, lämna 1/2-tums huvudutrymme.
c) Ta bort luftbubblor och justera utrymmet vid behov. Torka av kanterna på burkar med en fuktad ren pappershandduk.
d) Justera locken och bearbeta.

45. Inlagda söta gröna tomater

INGREDIENSER:
- 10 till 11 lbs. av gröna tomater
- 2 dl skivad lök
- 1/4 kopp konserverings- eller inläggningssalt
- 3 koppar farinsocker
- 4 koppar vinäger (5%)
- 1 msk senapsfrö
- 1 msk kryddpeppar
- 1 msk sellerifrö
- 1 msk hela kryddnejlika

INSTRUKTIONER:
a) Tvätta och skiva tomater och lök. Lägg i en skål, strö över 1/4 kopp salt och låt stå i 4 till 6 timmar. Dränera. Värm och rör ner socker i vinäger tills det lösts upp.
b) Bind senapsfrö, kryddpeppar, sellerifrö och kryddnejlika i en kryddpåse. Lägg till vinäger med tomater och lök. Om det behövs, tillsätt minst vatten för att täcka bitarna. Koka upp och låt sjuda i 30 minuter, rör om vid behov för att förhindra att det bränns. Tomater ska vara möra och genomskinliga när de är rätt tillagade.
c) Ta bort kryddpåsen. Fyll den heta burken med fast material och täck med het betningslösning, lämna 1/2-tums huvudutrymme.
d) Ta bort luftbubblor och justera utrymmet vid behov. Torka av kanterna på burkar med en fuktad ren pappershandduk.
e) Justera locken och bearbeta.

46. Inlagd bröd-och-smör zucchini

INGREDIENSER:
- 16 koppar färsk zucchini, skivad
- 4 dl lök, tunt skivad
- 1/2 kopp konserv- eller inläggningssalt
- 4 koppar vit vinäger (5%)
- 2 koppar socker
- 4 msk senapsfrö
- 2 msk sellerifrö
- 2 tsk mald gurkmeja

INSTRUKTIONER:
a) Täck zucchini och lökskivor med 1 tum vatten och salt. Låt stå i 2 timmar och låt rinna av ordentligt. Blanda vinäger, socker och kryddor. Koka upp och tillsätt zucchini och lök. Sjud 5 minuter och dåligt varma burkar med blandning och betlösning, lämna 1/2-tums utrymme.
b) Ta bort luftbubblor och justera utrymmet vid behov. Torka av kanterna på burkar med en fuktad ren pappershandduk.
c) Justera locken och bearbeta.

47.Sweet pickle gurka

INGREDIENSER:
- 3-1/2 lbs. av inläggningsgurkor
- kokande vatten för att täcka skivade gurkor
- 4 koppar cidervinäger (5%)
- 1 kopp vatten
- 3 koppar Splenda
- 1 msk konservsalt
- 1 msk senapsfrö
- 1 msk hel kryddpeppar
- 1 msk sellerifrö
- 4 en-tums kanelstänger

INSTRUKTIONER:
a) Tvätta gurkor. Skiva 1/16-tum av blomändarna och kassera. Skiva gurkor i 1/4-tums tjocka skivor. Häll kokande vatten över gurkskivorna och låt stå i 5 till 10 minuter.
b) Häll av det varma vattnet och häll kallt vatten över gurkorna. Låt kallt vatten rinna kontinuerligt över gurkskivorna, eller byt vatten ofta tills gurkan svalnat. Låt skivorna rinna av väl.
c) Blanda vinäger, 1 dl vatten, Splenda® och alla kryddor i en 10 liter holländsk ugn eller kärl. Koka upp. Tillsätt avrunna gurkskivor försiktigt i den kokande vätskan och koka upp igen.
d) Placera en kanelstång i varje tom het burk, om så önskas. Fyll varma pickleskivor i varma pintburkar, lämna 1/2-tums huvudutrymme. Täck med kokande saltlake, lämna 1/2-tums huvudutrymme.
e) Ta bort luftbubblor och justera utrymmet vid behov. Torka av kanterna på burkar med en fuktad ren pappershandduk.
f) Justera locken och bearbeta.

48. Sliced Dill Pickles

INGREDIENSER:
- 4 lbs. (3- till 5-tums) inläggningsgurkor
- 6 koppar vinäger (5%)
- 6 koppar socker
- 2 msk konserv- eller inläggningssalt
- 1-1/2 tsk sellerifrö
- 1-1/2 tsk senapsfrö
- 2 stora lökar, tunt skivade
- 8 huvuden färsk dill

INSTRUKTIONER:
a) Tvätta gurkor. Skär 1/16-tums skiva av blomkanten och kassera. Skär gurkor i 1/4-tums skivor. Blanda vinäger, socker, salt, selleri och senapsfrön i en stor kastrull. Koka upp blandningen.
b) Lägg 2 skivor lök och 1/2 dillhuvud på botten av varje het pintburk. Fyll varma burkar med gurkskivor, lämna 1/2-tums huvudutrymme.
c) Lägg 1 skiva lök och 1/2 dillhuvud ovanpå. Häll varm betningslösning över gurkor, lämna 1/4-tums huvudutrymme.
d) Ta bort luftbubblor och justera utrymmet vid behov. Torka av kanterna på burkar med en fuktad ren pappershandduk.
e) Justera locken och bearbeta.

49. Sliced Sweet Pickles

INGREDIENSER:
- 4 lbs. (3- till 4-tums) inläggningsgurkor

BRINING LÖSNING:
- 1 liter destillerad vit vinäger (5%)
- 1 matsked konserverings- eller inläggningssalt
- 1 msk senapsfrö
- 1/2 kopp socker

KONSEKSIRAP:
- 1-2/3 koppar destillerad vit vinäger (5%)
- 3 koppar socker
- 1 msk hel kryddpeppar
- 2-1/4 tsk sellerifrö

INSTRUKTIONER:
a) Tvätta gurkor och skär 1/16 tum av blomkanten och kassera. Skär gurkor i 1/4-tums skivor. Blanda alla ingredienser till konserveringssirap i en kastrull och låt koka upp. Håll sirapen varm tills den ska användas.
b) Blanda ingredienserna till saltlösningen i en stor vattenkokare. Tillsätt de skurna gurkorna, täck över och låt sjuda tills gurkorna ändrar färg från ljust till matt grönt (cirka 5 till 7 minuter). Låt gurkskivorna rinna av.
c) Fyll varma burkar och täck med varm konserveringssirap och lämna 1/2-tums huvudutrymme.
d) Ta bort luftbubblor och justera utrymmet vid behov. Torka av kanterna på burkar med en fuktad ren pappershandduk.
e) Justera locken och bearbeta.

BLANDADE GRÖNTSAKSAKER

50. Piccalilli

INGREDIENSER:
- 6 dl hackade gröna tomater
- 1 1/2 koppar grön paprika , hackad
- 7 1/2 dl hackad kål
- 1/2 kopp inläggningssalt
- 1 1/2 dl söt röd paprika , hackad
- 2 1/4 dl hackad lök
- 3 msk hel blandad inläggningskrydda
- 4 1/2 koppar 5% vinäger
- 3 koppar farinsocker

INSTRUKTIONER:
a) Kasta grönsaker med 1/2 kopp salt.
b) Täck med varmt vatten och låt stå i 12 timmar. Dränera .
c) Bind kryddor i en kryddpåse och lägg i kombinerad vinäger och socker och värm till en koka.
d) Tillsätt grönsaker och koka försiktigt i 30 minuter; ta bort kryddpåsen.
e) Fyll varma sterila burkar med het blandning, lämna 1/2-tums utrymme .
f) Släpp luftbubblor.
g) Stäng burkarna tätt och värm sedan i 5 minuter i ett vattenbad.

51. Inlagda blandade grönsaker

INGREDIENSER:
- 4 lbs. av 4- till 5-tums inläggningsgurkor
- 2 lbs. skalade och delade små lökar
- 4 koppar skuren selleri (1-tums bitar)
- 2 koppar skalade och skurna morötter (1/2-tums bitar)
- 2 koppar skuren söt röd paprika (1/2-tums bitar)
- 2 dl blomkålsfräs
- 5 koppar vit vinäger (5%)
- 1/4 kopp beredd senap
- 1/2 kopp konserv- eller inläggningssalt
- 3-1/2 dl socker
- 3 msk sellerifrö
- 2 msk senapsfrö
- 1/2 tsk hela kryddnejlika
- 1/2 tsk mald gurkmeja

INSTRUKTIONER:
a) Kombinera grönsaker, täck med 2 tum av tärningar eller krossad is och kyl i 3 till 4 timmar.
b) Kombinera vinäger och senap i 8-quarts vattenkokare och blanda väl.
c) Tillsätt salt, socker, sellerifrö, senapsfrö, kryddnejlika, gurkmeja. Koka upp. Häll av grönsakerna och lägg till den heta beläggningslösningen.
d) Täck över och låt sakta koka upp. Låt grönsakerna rinna av men spara inläggningslösningen. Fyll grönsaker i heta sterila pintburkar eller heta quarts, lämna 1/2-tums huvudutrymme. Tillsätt betningslösning, lämna 1/2-tums huvudutrymme.
e) Ta bort luftbubblor och justera utrymmet vid behov. Torka av kanterna på burkar med en fuktad ren pappershandduk.
f) Justera locken och bearbeta.

52.Giardiniera

INGREDIENSER:
- 1 dl blomkålsbuketter
- 1 dl morotsstavar
- 1 dl selleri, skivad
- 1 dl paprika, skivad
- 3 vitlöksklyftor, hackade
- 1 msk torkad oregano
- 1 tsk röd paprikaflingor
- 2 koppar vit vinäger
- 1 kopp vatten
- 2 matskedar salt
- 2 matskedar socker

INSTRUKTIONER:
a) Lägg blomkål, morot, selleri, paprika och hackad vitlök i en stor, ren burk.
b) I en kastrull, kombinera vit vinäger, vatten, salt, socker, oregano och rödpepparflingor. Koka upp, rör om tills salt och socker lösts upp.
c) Häll den varma saltlaken över grönsakerna i burken och se till att de är helt nedsänkta.
d) Låt giardiniera svalna till rumstemperatur, förslut sedan burken och kyl.
e) Smakerna kommer att utvecklas med tiden, och den kan förvaras i kylen i flera veckor.

53.Söt Och Kryddig Blandad Pickle

INGREDIENSER:

- 2 dl morötter, finhackade
- 1 dl blomkålsbuketter
- 1 dl gröna bönor, hackade
- 1 dl paprika, skivad
- 1 dl lök, tunt skivad
- 1 kopp vit vinäger
- 1 kopp socker
- 1 msk senapsfrön
- 1 tsk gurkmeja
- 1 tsk röda chiliflakes
- 1 msk ingefära, riven
- 1 matsked salt

INSTRUKTIONER:

a) Blanda morötter, blomkål, gröna bönor, paprika och lök i en stor skål.
b) I en kastrull, kombinera vit vinäger, socker, senapsfrön, gurkmeja, röda chiliflakes, ingefära och salt. Koka upp, rör om tills sockret lösts upp.
c) Häll den varma kryddade vinägern över grönsakerna och blanda väl.
d) Låt inläggningen svalna innan du överför den till rena burkar. Förslut och kyl.
e) Denna söta och kryddiga blandade inläggning är redo att avnjutas efter en dag eller två och kan förvaras i kylen i flera veckor.

54. Inlagda grönsaker från Medelhavet

INGREDIENSER:
- 2 dl körsbärstomater, halverade
- 1 dl gurka, skivad
- 1 dl rödlök, tunt skivad
- 1 kopp Kalamata oliver
- 1 dl kronärtskockshjärtan, i fjärdedelar
- 4 vitlöksklyftor, skivade
- 1 msk torkad oregano
- 1 tsk torkad timjan
- 1 kopp rödvinsvinäger
- 1 kopp extra virgin olivolja
- Salt och svartpeppar efter smak

INSTRUKTIONER:
a) I en stor skål, kombinera körsbärstomater, gurka, rödlök, oliver, kronärtskockshjärtan och vitlök.
b) I en separat skål, vispa ihop rödvinsvinäger, olivolja, oregano, timjan, salt och svartpeppar.
c) Häll dressingen över grönsakerna och rör tills den är väl täckt.
d) Överför blandningen till en ren burk, förslut och kyl.
e) Låt smakerna smälta i några timmar innan servering.

55.Tangy asiatiska inlagda grönsaker

INGREDIENSER:
- 2 dl morötter, finhackade
- 1 dl daikonrädisa, tunt skivad
- 1 dl gurka, tunt skivad
- 1 dl röd paprika, skivad
- 3 vitlöksklyftor, hackade
- 1 msk ingefära, riven
- 1 kopp risvinäger
- 1/4 kopp sojasås
- 2 matskedar socker
- 1 tsk sesamolja
- 1 tsk röd paprikaflingor

INSTRUKTIONER:
a) Blanda morötter, daikonrädisa, gurka, röd paprika, vitlök och ingefära i en stor skål.
b) I en kastrull, kombinera risvinäger, sojasås, socker, sesamolja och rödpepparflingor. Värm tills sockret löst sig.
c) Häll den varma blandningen över grönsakerna och rör om.
d) Låt inläggningen svalna innan du överför den till rena burkar. Förslut och kyl.
e) Denna asiatisk-inspirerade pickle är utmärkt som tillbehör eller topping till ris- och nudelrätter.

56.Indisk blandad pickle (Achaar)

INGREDIENSER:
- 2 dl morötter, tärnade
- 1 dl gröna bönor, hackade
- 1 kopp rå mango, tärnad
- 1 dl lime, skivad
- 1 dl röd chilipeppar, skivad
- 1/2 kopp senapsolja
- 2 msk senapsfrön
- 1 msk bockhornsklöverfrön
- 1 msk fänkålsfrön
- 1 msk gurkmeja
- 1 msk rött chilipulver
- 1 matsked salt

INSTRUKTIONER:
a) I en stor skål, kombinera morötter, gröna bönor, rå mango, lime och röd chilipeppar.
b) Värm senapsolja i en panna tills den börjar ryka. Låt den svalna något.
c) Torrrosta senapsfrön, bockhornsklöverfrön och fänkålsfrön i en separat panna tills de doftar. Mal dem till ett grovt pulver.
d) Blanda det malda kryddpulvret med gurkmeja, rött chilipulver och salt. Tillsätt denna blandning till grönsakerna.
e) Häll den något avsvalnade senapsoljan över grönsaks- och kryddblandningen. Blanda väl.
f) Överför inläggningen till rena burkar, förslut tätt och låt den mogna i några dagar innan den konsumeras.

KIMCHI

57.Napa Kål Kimchi

INGREDIENSER:
- 1 napakål, skuren på tvären i 2-tums bitar
- ½ medelstor daikonrädisa, skalad och skuren i fjärdedelar på längden,
- sedan i ½ tum tjocka bitar
- 2 matskedar havssalt
- ½ kopp vatten
- 2 salladslökar, skivade i 2-tums längder
- 3 vitlöksklyftor, hackade
- 1 msk riven färsk ingefära
- 1 msk koreanskt chilipulver

INSTRUKTIONER:
a) Lägg kål- och daikonbitarna i en stor mixerskål.
b) Placera saltet och vattnet i en separat liten skål; blanda för att lösas upp. Häll över grönsakerna. Ställ åt sidan i rumstemperatur över natten för att mjukna.
c) Nästa dag, dränera, spara saltvattnet som grönsakerna blötläggs i. Tillsätt salladslöken, vitlöken, ingefäran och chilipulvret till kålblandningen och blanda väl.
d) Packa blandningen tätt i en ½-liters glasburk med lock. Häll det sparade saltvattnet i burken, lämna 1 tum utrymme på toppen. Stäng locket ordentligt.
e) Lämna burken på en sval, mörk plats i 2 till 3 dagar (beroende på temperatur och hur syltad och fermenterad du vill ha din kimchi). Kyl efter öppning.
f) Håller sig ett par veckor i kylen.

58.Kinesisk Kål Och Bok Choy Kimchi

INGREDIENSER:
- 3 msk oraffinerat, grovt havssalt eller 1½ msk fint havssalt
- 3 koppar filtrerat, oklorerat vatten
- 1 pund kinakål, grovt hackad
- 3 huvuden baby bok choy, grovt hackad
- 4 rädisor, grovt hackade
- 1 liten lök
- 3 vitlöksklyftor
- 1 2-tums bit ingefära
- 3 chili

INSTRUKTIONER:

a) Blanda vattnet och havssaltet tills saltet har löst sig för att bilda saltlaken. Avsätta.
b) Grovhacka kål, bok choy och rädisor. Blanda och lägg i en liten kruka eller skål.
c) Häll saltlaken över grönsaksblandningen tills den täcks.
d) Placera en tallrik som precis får plats i krukan eller skålen och väg ner den med vikter av livsmedelskvalitet, en burk eller en annan skål fylld med vatten. Täck och låt sitta i minst 4 timmar eller över natten.
e) Purea lök, vitlök, ingefära och chili i en matberedare för att bilda en pasta.
f) Häll av saltlaken från grönsakerna, spara den för senare användning. Smaka av grönsaksblandningen för sälta.
g) Skölj den om den är för saltsmakande eller tillsätt en nypa havssalt om det behövs.
h) Blanda grönsakerna och kryddblandningen tills de är ordentligt blandade.
i) Packa den tätt i en liten kruka eller skål, tillsätt en liten mängd av saltlaken om det behövs för att hålla grönsakerna nedsänkta. Väg ner grönsakerna med en tallrik och en livsmedelsklassad vikt. (Jag använder en mindre skål av glas eller keramik fylld med den återstående saltlaken för att fungera som en vikt.
j) Om du behöver ytterligare saltlake eller om grönsaksblandningen expanderar för att nå skålen, innehåller den samma saltlake.) Täck med ett lock.
k) Jäs i cirka 1 vecka, eller längre om du föredrar en kimchi med tangier-smak.
l) Lägg i en glasskål eller burk med lock och ställ i kylen. Servera som tillbehör, krydda eller ovanpå brunt ris över vermicelli nudlar för en snabb och utsökt middag.

59.kinesiska Kimchi

INGREDIENSER:
- 1 huvud napa eller kinakål, hackad
- 3 morötter, rivna
- 1 stor daikonrädisa, riven eller en kopp små röda rädisor, fint skivade
- 1 stor lök, hackad
- 1/4 kopp dulse- eller nori- tångflingor
- 1 msk chilipepparflingor
- 1 msk finhackad vitlök
- 1 msk finhackad färsk ingefära
- 1 msk sesamfrön
- 1 matsked socker
- 2 tsk havssalt av god kvalitet
- 1 tsk fisksås

INSTRUKTIONER:
a) Blanda helt enkelt alla ingredienserna i en stor skål och låt stå i 30 minuter.
b) Packa blandningen i en stor glasburk eller 2 mindre burkar. Tryck ner den ordentligt.
c) Toppa med en vattenfylld Ziploc-påse för att hålla syre ute och hålla grönsakerna nedsänkta under saltlaken.
d) Lägg på locket löst och ställ åt sidan för att jäsa i minst 3 dagar. Smaka av efter 3 dagar och bestäm om det smakar tillräckligt surt. Det är en fråga om personlig smak så det är bara att prova tills du gillar det!
e) När du är nöjd med smaken kan du förvara kimchi i kylen där den håller sig i flera månader, om den håller så länge!!

.

60.Vit Kimchi

INGREDIENSER:
- 1 stor Napa-kål (cirka 2½ pund), i fjärdedelar, med stjälken borttagen och skär i 1-tums bitar
- 1 stor morot, skuren i 2 tum långa remsor
- 1 stor svart spansk rädisa eller 3 röda rädisor, skurna
- 1 röd paprika, kärnad, urkärnad och urkärnad
- 3 kvistar grön lök eller gräslök, hackad i 1-tums bitar
- 2 päron (jag använder röda päron, men du kan använda vilken typ som helst), skaftade, kärnade och delade
- 3 vitlöksklyftor, skalade
- ½ liten lök, i fjärdedelar
- 1-tums bit färsk ingefära
- 3 matskedar oraffinerat fint havssalt eller 6 matskedar oraffinerat grovt havssalt
- 6 koppar filtrerat vatten

INSTRUKTIONER:
a) I en stor skål, kombinera kål, morot, rädisa, paprika och salladslök.
b) Kombinera päron, vitlök, lök och ingefära i en matberedare och mixa till en puré. Häll päronblandningen över de hackade grönsakerna. Tillsätt saltet och blanda ihop alla grönsaker tills de är jämnt belagda med päronpuré och salt.
c) Lägg grönsaksblandningen i en stor kruka och häll vattnet över den.
d) Placera en tallrik som passar inuti krukan för att täcka grönsakerna och håll dem nedsänkta.
e) Placera matsäkra vikter eller en glasskål eller burk fylld med vatten ovanpå tallriken för att hålla grönsakerna nedsänkta.
f) Täck med lock och förvara på en sval, ostörd plats i cirka en vecka eller tills den har nått önskad nivå av syrlighet.
g) Överför till burkar eller en skål, täck över och kyl, där kimchi ska hålla i upp till ett år.

61.Rädisa Kimchi

INGREDIENSER:
- 2 pund koreanska rädisor (mu), skalade och skurna i 1-tums kuber
- 2 msk grovt havssalt
- 2 vitlöksklyftor, hackade
- 1 tsk ingefära, riven
- 2 msk koreanska rödpepparflingor (gochugaru)
- 1 msk fisksås (valfritt, för umami-smak)
- 1 msk sojasås (valfritt, för extra djup av smak)
- 1 matsked socker
- 4 salladslökar, hackade
- 1 liten morot, finhackad (valfritt)

INSTRUKTIONER:

a) Lägg rädisetärningarna i en stor mixerskål. Strö saltet över rädisorna och blanda så att det blir jämnt. Låt dem sitta i cirka 30 minuter för att släppa ut fukten.

b) Skölj rädisetärningarna under kallt vatten för att få bort överflödigt salt. Låt rinna av väl och överför dem till en ren, torr skål.

c) I en separat skål kombinerar du hackad vitlök, riven ingefära, koreanska rödpepparflingor, fisksås (om du använder), sojasås (om du använder) och socker. Blanda väl till en pastaliknande blandning.

d) Tillsätt pastan till rädisetärningarna och rör om så att rädisorna täcks jämnt med kryddorna. Tillsätt salladslöken och morötterna (om du använder den) och blanda allt.

e) Packa den kryddade rädisblandningen tätt i en ren glasburk, tryck ner för att ta bort eventuella luftfickor. Lämna ungefär en tum av headspace överst.

f) Täck burken med ett lock men förslut den inte ordentligt så att gas kan strömma ut under jäsningen. Ställ burken på en sval, mörk plats, som ett skåp eller skafferi, och låt den jäsa i 2 till 5 dagar. Kontrollera kimchi dagligen och tryck ner den med en ren sked för att hålla rädisorna nedsänkta i vätskan som kommer att bildas.

g) Smaka av kimchi efter 2 dagar för att se efter önskad nivå av jäsning. Om den har utvecklat den syrliga och lite syrliga smaken du föredrar, överför burken till kylskåpet för att sakta ner jäsningsprocessen. Annars fortsätt jäsa ytterligare några dagar tills du når önskad smak.

h) Rädisakimchi kan avnjutas direkt, men den kommer att fortsätta att utveckla smak när den jäser i kylen. Den kan förvaras i kylen i flera veckor.

62.Snabb Kimchi med gurka

INGREDIENSER:
- 2 gurkor, tunt skivade
- 1 msk havssalt
- 1 msk riven ingefära
- 2 vitlöksklyftor, hackade
- 2 msk risvinäger
- 1 matsked socker
- 1 msk koreanska rödpepparflingor (gochugaru)

INSTRUKTIONER:
a) Kasta gurkskivorna med havssalt och låt dem sitta i 30 minuter. Häll av överflödigt vatten.
b) Blanda ingefära, vitlök, risvinäger, socker och röda paprikaflingor i en skål för att skapa kimchipastan.
c) Belägg gurkskivorna med pastan och packa i en burk. Kyl i minst 2 timmar innan servering.

63. Vegansk Kimchi

INGREDIENSER:
- 1 medelstor napakål
- 1 kopp koreansk rädisa (mu), finhackad
- 1/2 kopp koreanskt grovt havssalt
- 1 msk riven ingefära
- 4 vitlöksklyftor, hackade
- 3 matskedar sojasås
- 2 matskedar socker
- 1 msk koreanska rödpepparflingor (gochugaru)

INSTRUKTIONER:
a) Skär napakålen i lagom stora bitar och finfördela den koreanska rädisan.
b) I en stor skål, strö kålen och rädisan med koreanskt grovt havssalt. Kasta väl för att säkerställa en jämn beläggning. Låt stå i ca 2 timmar, vänd då och då.
c) Skölj kålen och rädisan noga under kallt vatten för att få bort överflödigt salt. Häll av och ställ åt sidan.
d) I en separat skål, blanda riven ingefära, hackad vitlök, sojasås, socker och koreanska rödpepparflingor (gochugaru) för att skapa en pasta.
e) Belägg kålen och rädisan med pastan, se till att de är väl täckta.
f) Överför blandningen i en ren, lufttät behållare, tryck ner för att ta bort luftbubblor. Lämna lite utrymme på toppen för att möjliggöra jäsning.
g) Förslut behållaren och låt den jäsa i rumstemperatur i ca 2-3 dagar. Förvara den sedan i kylen.

64.Baechu Kimchi (Kimchi med hel kål)

INGREDIENSER:
- 1 hel napakål
- 1 kopp koreansk rädisa (mu), finhackad
- 1/2 kopp koreanskt grovt havssalt
- 1 kopp vatten
- 1 msk riven ingefära
- 5 vitlöksklyftor, hackade
- 3 msk fisksås
- 2 msk sojasås
- 2 matskedar socker
- 2 msk koreanska rödpepparflingor (gochugaru)

INSTRUKTIONER:
a) Skär hela Napa-kålen på mitten på längden och skär sedan varje halva i tredjedelar. Detta kommer att resultera i sex stycken.
b) Lös koreanskt grovt havssalt i en kopp vatten. Strö generöst över kålen och den koreanska rädisan med denna saltvattenblandning och se till att få det mellan bladen. Låt stå i ca 2 timmar, vänd då och då.
c) Skölj kålen och rädisan noga under kallt vatten för att få bort överflödigt salt. Häll av och ställ åt sidan.
d) Blanda riven ingefära, hackad vitlök, fisksås, sojasås, socker och koreanska rödpepparflingor (gochugaru) i en skål för att skapa en pasta.
e) Belägg varje kålblad och rädisabit med pastan, se till att de är väl täckta.
f) Stapla ihop kålbitarna igen för att reformera hela kålformen.
g) Överför hela kålen i en ren, lufttät behållare, tryck ner för att ta bort luftbubblor. Lämna lite utrymme på toppen för att möjliggöra jäsning.
h) Förslut behållaren och låt den jäsa i rumstemperatur i ca 2-3 dagar. Förvara den sedan i kylen.

65.Gurka Kimchi/Oi- Sobagi

INGREDIENSER:
SALTVATTEN
- 15 babygurkor (1,5 kg/3 lb 5 oz)
- 100 g (3½ oz) grovt havssalt, plus extra för rengöring av gurkorna
- 1 liter (4 koppar) vatten

MARINAD
- 60 g (2¼ oz) rismjöl

SOPPA
- 80 g (2¾ oz) gräslök
- 2 vårlökar (salladslökar)
- 50 g (1¾ oz) vitlöksklyftor
- 50 g (1¾ oz) gochugaru Chili pulver
- 50 g (1¾ oz) fermenterad ansjovissås
- Havssalt

INSTRUKTIONER:
a) Förbered babygurkorna: skär 5 mm (¼ tum) av ändarna och tvätta under kallt vatten, gnugga dem med grovt salt för att ta bort orenheter från huden. Lägg i en stor skål. Blanda det grova havssaltet med
b) 1 liter (4 koppar) vatten tills saltet löser sig, häll sedan över gurkorna. Stå i 5 till 8 timmar, vänd gurkorna uppifrån och ner var 90:e minut. För att kontrollera om saltningen är klar, vik försiktigt en gurka. Den ska vara smidig och böja utan att gå sönder. Tvätta gurkorna två gånger med rent vatten och torka.
c) Förbered marinaden genom att lägga rismjölssoppan i en skål. Tvätta och skär gräslöken i 1 cm (½ tum) bitar. Skär vårlökarna i tändstickor och stjälkarna på mitten på längden och sedan i 1 cm (½ tum) bitar. Krossa vitlöken. Blanda grönsakerna med rismjölssoppan och tillsätt gochugaru och fermenterad ansjovissås. Avsluta krydda med havssalt om det behövs.
d) Skär gurkorna. För att göra detta, placera varje gurka på en bräda och skär i två sektioner genom att placera knivspetsen 1 cm (½ tum) från änden och försiktigt skära ett snitt. När knivbladet nuddar brädan, ta tag i gurkan, vänd och flytta den uppåt på bladet för att separera ordentligt. Gör samma sak på den andra sidan så att gurkorna skärs i fyra stavar som fortfarande är fästa vid basen. Fyll varje gurka med 1 eller 2 nypor marinad. Gnid in marinaden på utsidan av gurkorna också.
e) Fyll en lufttät behållare till 70 % full med gurkorna, lägg dem fint plant och gör flera lager. Täck med plastfolie och stäng locket ordentligt. Låt stå i rumstemperatur i 24 timmar borta från solljus och förvara sedan i kylen. Denna kimchi kan ätas färsk eller fermenterad från och med nästa dag. Gurkorna förblir krispiga i cirka 2 månader.

66.Vit rädisa Kimchi/ Kkakdugi

INGREDIENSER:
SALTVATTEN
- 1,5 kg (3 lb 5 oz) skalad vit rädisa (daikon), svart rädisa eller kålrot
- 40 g (1½ oz) grovt havssalt
- 50 g (1¾ oz) socker
- 250 ml (1 kopp) kolsyrat vatten

MARINAD
- 60 g (2¼ oz) gochugaru Chili pulver
- 110 g (3¾ oz) vanlig (all-purpose) mjölsoppa
- ½ päron
- ½ lök
- 50 g (1¾ oz) fermenterad ansjovissås
- 60 g (2¼ oz) vitlöksklyftor
- 1 tsk mald ingefära
- 5 cm (2 tum) purjolök (vit del)
- ½ msk havssalt 2 msk socker

INSTRUKTIONER:

a) Skär rädisan i 1,2 cm (½ tum) tjocka sektioner, sedan varje sektion i fjärdedelar. Lägg dem i en skål och tillsätt det grova havssaltet, sockret och bubbelvatten. Blanda väl med händerna så att sockret och saltet gnids in ordentligt. Låt stå i cirka 4 timmar i rumstemperatur. När rädisbitarna blir elastiska är saltningen klar. Skölj rädisabitarna en gång i vatten. Låt dem rinna av i minst 30 minuter.

b) För marinaden, blanda gochugaru i den kalla mjölsoppan (samma beredningsteknik som för rismjölssoppan, sidan 90).

c) Puréa päron, lök och fermenterad ansjovissås i en liten matberedare och blanda med gochugaru- mjölblandningen. Krossa vitlöken och rör ner den i blandningen tillsammans med den malda ingefäran. Skär purjolöken i tunna skivor och rör ner i blandningen. Avsluta smaksättningen med havssalt och socker.

d) Kombinera rädisabitarna med marinaden. Lägg i en lufttät behållare, fyll den till 70 %. Täck med plastfolie och tryck till för att få bort så mycket luft som möjligt.

e) Stäng locket ordentligt. Låt stå i 24 timmar mörkt i rumstemperatur och förvara sedan i kylen i upp till 6 månader.

f) Smaken på denna kimchi är som bäst när den är väljäst, vilket är efter cirka 3 veckor.

67. Gräslök Kimchi/Pa-Kimchi

INGREDIENSER:
SALTVATTEN
- 400 g (14 oz) vitlök
- 50 g (1¾ oz) fermenterad ansjovissås

MARINAD
- 40 g (1½ oz) gochugaru Chili pulver
- 30 g (1 oz) rismjölssoppa
- ¼ päron
- ¼ lök
- 25 g (1 oz) vitlöksklyftor
- 1 msk konserverad citron
- ½ tesked mald ingefära
- 1 matsked socker

INSTRUKTIONER:

a) Tvätta gräslökstjälkarna väl och ta bort rötterna. Ordna knippen gräslök, lökar nedåt, i en stor skål. Häll ansjovissåsen över gräslöken, direkt på den nedersta delen. Alla stjälkar ska vara väl fuktade. Hjälp till att sprida såsen med händerna, jämna ut från botten till toppen. Var 10:e minut, flytta såsen på samma sätt från botten av skålen till toppen av stjälkarna och fortsätt med detta i 30 minuter.

b) Rör ner chilipulvret i rismjölssoppan. Mosa ihop päron och lök i en liten matberedare och krossa vitlöken. Blanda med rismjölssoppan. Häll blandningen i skålen som innehåller gräslöken. Tillsätt den konserverade citronen, malen ingefära och socker. Blanda genom att belägga varje gräslöksstjälk med marinaden.

c) Lägg i en lufttät behållare, fyll till 70 %. Täck med plastfolie och tryck till för att få bort så mycket luft som möjligt. Stäng locket ordentligt. Låt stå mörkt i 24 timmar i rumstemperatur och förvara sedan i kylen i upp till 1 månad.

SURKÅL

68. Grundläggande surkål

INGREDIENSER:
- 25 lbs. Kål, sköljd och strimlad
- 3/4 kopp inläggningssalt

INSTRUKTIONER:
a) Lägg kål i en behållare och tillsätt 3 matskedar salt.
b) Blanda med rena händer.
c) Packa tills saltet drar saft från kålen.
d) Lägg till tallrik och vikter; täck behållaren med en ren badhandduk.
e) Förvara vid 70° till 75°F i 3 till 4 veckor.

69.Kryddad inlagd kål

INGREDIENSER:
- 1 medelstor vitkål, tunt skivad
- 1 kopp vit vinäger
- 1 kopp vatten
- 1/4 kopp socker
- 1 matsked salt
- 1 tsk senapsfrön
- 1 tsk selleri frön
- 1 tsk gurkmeja

INSTRUKTIONER:
a) I en kastrull, kombinera vatten, vinäger, socker, salt, senapsfrön, sellerifrön och gurkmeja.
b) Koka upp blandningen, rör om tills sockret och saltet lösts upp.
c) Lägg den tunt skivade kålen i en stor skål.
d) Häll den varma saltlaken över kålen och se till att den är helt nedsänkt.
e) Låt den inlagda kålen svalna till rumstemperatur innan du överför den till en steriliserad burk.
f) Kyl i minst 24 timmar innan servering.

70. Kryddig asiatisk inlagd kål

INGREDIENSER:
- 1 liten vitkål, strimlad
- 1 kopp risvinäger
- 1/2 kopp sojasås
- 2 matskedar socker
- 2 vitlöksklyftor, hackade
- 1 msk ingefära, riven
- 1 tsk röd paprikaflingor

INSTRUKTIONER:
a) Kombinera risvinäger, sojasås, socker, hackad vitlök, riven ingefära och rödpepparflingor i en skål.
b) Blanda väl tills sockret löst sig.
c) Lägg den strimlade kålen i en stor burk och häll vätskan över den.
d) Förslut burken och ställ i kylen i minst 2 timmar innan servering.

71.Äppelcidervinäger Inlagd kål

INGREDIENSER:
- 1 litet rödkålshuvud, tunt skivad
- 1 kopp äppelcidervinäger
- 1/2 kopp vatten
- 2 matskedar honung
- 1 matsked salt
- 1 tsk hela svartpepparkorn
- 2 lagerblad

INSTRUKTIONER:
a) I en kastrull, kombinera äppelcidervinäger, vatten, honung, salt, pepparkorn och lagerblad.
b) Låt blandningen sjuda under omrörning tills honungen och saltet lösts upp.
c) Lägg den skivade kålen i en stor skål och häll den varma saltlaken över den.
d) Låt den svalna och överför sedan den inlagda kålen till en burk och ställ i kylen i minst 4 timmar innan servering.

72.Dill Och Vitlök Inlagd Kål

INGREDIENSER:
- 1 medelstor grönkål, strimlad
- 1 1/2 dl vit vinäger
- 1 kopp vatten
- 3 matskedar socker
- 2 matskedar salt
- 3 vitlöksklyftor, krossade
- 2 msk färsk dill, hackad

INSTRUKTIONER:
a) I en kastrull, kombinera vit vinäger, vatten, socker, salt, pressad vitlök och hackad dill.
b) Värm blandningen tills sockret och saltet löser sig.
c) Lägg den strimlade kålen i en stor burk och häll den varma saltlaken över.
d) Låt den svalna och låt den stå i kylen i minst 12 timmar innan den njuter.

73. Äpple och morot surkål

INGREDIENSER:
- 1 medelstor grönkål, strimlad
- 1 stor morot, riven
- 1 äpple, rivet
- 1 msk kumminfrön
- 1 msk havssalt

INSTRUKTIONER:
a) I en stor skål, kombinera strimlad kål, riven morot, rivet äpple, kummin och havssalt.
b) Massera blandningen tills grönsakerna släpper saften.
c) Packa blandningen i en ren jäsningsburk och se till att den är nedsänkt i juicen.
d) Lägg en vikt ovanpå för att hålla grönsakerna under vatten.
e) Täck burken och låt den jäsa i rumstemperatur i 1-2 veckor.
f) Smaka av surkålen, och när den når önskad nivå av syrlighet, kyl den.

74. Ingefära och gurkmeja surkål

INGREDIENSER:
- 1 medelstor grönkål, strimlad
- 1 msk färsk ingefära, riven
- 1 tsk mald gurkmeja
- 1 msk havssalt

INSTRUKTIONER:
a) I en stor skål, kombinera strimlad kål, riven ingefära, mald gurkmeja och havssalt.
b) Massera in blandningen för att frigöra käljuicerna.
c) Packa blandningen i en ren jäsningsburk, se till att den är nedsänkt och lägg till en vikt ovanpå.
d) Täck burken och låt den jäsa i rumstemperatur i 1-2 veckor.
e) Smaka av surkålen, och när den når önskad syrlighet, flytta den till kylen.

75. Jalapeño och vitlök surkål

INGREDIENSER:
- 1 medelstor grönkål, strimlad
- 2-3 jalapeñopeppar, tunt skivade
- 3 vitlöksklyftor, hackade
- 1 msk kumminfrön
- 1 msk havssalt

INSTRUKTIONER:
a) I en stor skål, kombinera strimlad kål, skivade jalapeños, hackad vitlök, kummin och havssalt.
b) Massera in blandningen tills kålen släpper saften.
c) Packa blandningen i en ren jäsningsburk, se till att den är nedsänkt, och lägg en vikt ovanpå.
d) Täck burken och låt den jäsa i rumstemperatur i 1-2 veckor.
e) Smaka av surkålen, och när den når önskad syrlighet, överför den till kylen.

76. Betor och kål surkål

INGREDIENSER:
- 1 medelstor grönkål, strimlad
- 2 medelstora rödbetor, skalade och rivna
- 1 msk kumminfrön
- 1 msk havssalt

INSTRUKTIONER:
a) I en stor skål, kombinera strimlad kål, rivna rödbetor, kummin och havssalt.
b) Massera blandningen tills grönsakerna släpper saften.
c) Packa blandningen i en ren jäsningsburk, se till att den är nedsänkt, och lägg en vikt ovanpå.
d) Täck burken och låt den jäsa i rumstemperatur i 1-2 veckor.
e) Smaka av surkålen, och när den når önskad syrlighet, överför den till kylen.

77.Ananas Jalapeño surkål

INGREDIENSER:
- 1 medelstor grönkål, strimlad
- 1 dl ananas, finhackad
- 2-3 jalapeñopeppar, tunt skivade
- 1 msk kumminfrön
- 1 msk havssalt

INSTRUKTIONER:
a) I en stor skål, kombinera strimlad kål, hackad ananas, skivade jalapeños, kummin och havssalt.
b) Massera in blandningen tills kålen släpper saften.
c) Packa blandningen i en ren jäsningsburk, se till att den är nedsänkt, och lägg en vikt ovanpå.
d) Täck burken och låt den jäsa i rumstemperatur i 1-2 veckor.
e) Smaka av surkålen, och när den når önskad syrlighet, flytta den till kylen.

78.Curry Kraut

INGREDIENSER:
- 1 medelstor grönkål, strimlad
- 1 msk currypulver
- 1 msk havssalt

INSTRUKTIONER:
a) I en stor skål, kombinera strimlad kål, currypulver och havssalt.
b) Massera in blandningen tills kålen släpper saften.
c) Packa blandningen i en ren jäsningsburk, se till att den är nedsänkt, och lägg en vikt ovanpå.
d) Täck burken och låt den jäsa i rumstemperatur i 1-2 veckor.
e) Smaka av surkålen, och när den når önskad syrlighet, överför den till kylen.

79. Apelsin och rosmarin surkål

INGREDIENSER:
- 1 medelstor grönkål, strimlad
- Skal av 1 apelsin
- 1 msk färsk rosmarin, hackad
- 1 msk havssalt

INSTRUKTIONER:
a) I en stor skål, kombinera strimlad kål, apelsinskal, hackad rosmarin och havssalt.
b) Massera in blandningen tills kålen släpper saften.
c) Packa blandningen i en ren jäsningsburk, se till att den är nedsänkt, och lägg en vikt ovanpå.
d) Täck burken och låt den jäsa i rumstemperatur i 1-2 veckor.
e) Smaka av surkålen, och när den når önskad syrlighet, flytta den till kylen.

80.Dill Inlagd surkål

INGREDIENSER:
- 1 medelstor grönkål, strimlad
- 3 matskedar färsk dill, hackad
- 1 msk hela senapsfrön
- 1 msk havssalt

INSTRUKTIONER:
a) I en stor skål, kombinera strimlad kål, hackad färsk dill, senapsfrön och havssalt.
b) Massera in blandningen tills kålen släpper saften.
c) Packa blandningen i en ren jäsningsburk, se till att den är nedsänkt, och lägg en vikt ovanpå.
d) Täck burken och låt den jäsa i rumstemperatur i 1-2 veckor.
e) Smaka av surkålen, och när den når önskad syrlighet, överför den till kylen.

81. Rökig paprika surkål

INGREDIENSER:
- 1 medelstor grönkål, strimlad
- 1 msk rökt paprika
- 1 msk kumminfrön
- 1 msk havssalt

INSTRUKTIONER:
a) I en stor skål, kombinera strimlad kål, rökt paprika, kummin och havssalt.
b) Massera in blandningen tills kålen släpper saften.
c) Packa blandningen i en ren jäsningsburk, se till att den är nedsänkt, och lägg en vikt ovanpå.
d) Täck burken och låt den jäsa i rumstemperatur i 1-2 veckor.
e) Smaka av surkålen, och när den når önskad syrlighet, överför den till kylen.

PILADE CHUTNEYS OCH FRÅN

82. Chayote Pear Relish

INGREDIENSER:
- 2 dl hackad röd paprika
- 1 tsk mald pumpapajkrydda
- 2 tsk konservsalt
- 3 dl hackad lök
- 3 1/2 koppar skalade, tärnade Seckelpäron
- 3 1/2 koppar chayote , skalad, frösådd och kubbad
- 2 Serrano paprika, hackad
- 1 tsk mald kryddpeppar
- 1 1/2 dl vatten
- 1 kopp vitt socker
- 2 1/2 dl cider 5% vinäger
- 2 dl hackad gul paprika

INSTRUKTIONER:
a) Koka upp vinäger, vatten, socker, salt och kryddor i en holländsk ugn .
b) Tillsätt hackad lök och paprika; återgå till koka i 2 minuter, rör sig sporadiskt .
c) Tillsätt c hayote och päron .
d) Slev den fasta ämnen i burkar, vilket lämnar 1 tums utrymme .
e) Toppa med matlagningsvätska, lämna 1/2-tums utrymme .
f) Släpp luftbubblor.
g) Stäng burkarna tätt och värm sedan i 5 minuter i ett vattenbad.

83. Tangy Tomatillo Relish

INGREDIENSER:
- 12 dl hackade tomater
- 3 koppar hackad jicama
- 3 dl hackad lök
- 6 dl hackade tomater av plommontyp
- 1-1/2 dl hackad grön paprika
- 1-1/2 dl hackad röd paprika
- 1-1/2 dl hackad gul paprika
- 1 kopp konservsalt
- 2 liter vatten
- 6 matskedar hel blandad inläggningskrydda
- 1 matsked krossad röd paprika lakes (valfritt)
- 6 koppar socker
- 6-1/2 koppar cidervinäger (5%)

INSTRUKTIONER:
a) Ta bort skal från tomatillos och tvätta väl. Skala jicama och lök. Tvätta alla grönsaker väl innan du putsar och hackar.
b) Placera hackade tomatillos, jicama, lök, tomater och all paprika i en 4-liters holländsk ugn eller kastrull. Lös konservsalt i vatten. Häll över förberedda grönsaker. Värm till kokning; sjuda i 5 minuter.
c) Låt rinna av ordentligt genom en sil med ostduk (tills inget mer vatten droppar igenom, cirka 15 till 20 minuter).
d) Lägg pickling krydda och valfria rödpeppar sjöar på en ren, dubbla lager, 6 tums kvadratisk bit

84.Inlagd grön tomatrelish

INGREDIENSER:
- 10 lbs. små, hårda gröna tomater
- 1-1/2 lbs. röda paprikor
- 1-1/2 lbs. grön paprika
- 2 lbs. lök
- 1/2 kopp konserv- eller inläggningssalt
- 1 liter vatten
- 4 koppar socker
- 1 liter vinäger (5%)
- 1/3 kopp beredd gul senap
- 2 msk majsstärkelse

INSTRUKTIONER:
a) Tvätta och grovt riv eller hacka tomater, paprika och lök. Lös salt i vatten och häll över grönsaker i stor vattenkokare. Värm till kokning och låt sjuda i 5 minuter. Häll av i durkslag. Lägg tillbaka grönsakerna i vattenkokaren.
b) Tillsätt socker, vinäger, senap och majsstärkelse. Rör om för att blanda. Värm till kokning och låt sjuda i 5 minuter.
c) Fyll varma sterila pintburkar med varm relish, lämna 1/2-tums huvudutrymme.
d) Ta bort luftbubblor och justera utrymmet vid behov. Torka av kanterna på burkar med en fuktad ren pappershandduk.
e) Justera locken och bearbeta.

85. Mango Ginger Salsa

INGREDIENSER:
- 6 koppar omogen mango i tärningar
- 2 teskedar hackad ingefära
- 1 1/2 dl tärnad röd paprika
- 1/2 kopp gul lök, hackad
- 1/2 kopp vatten
- 1/4 koppar cider 5% vinäger
- 1/2 tsk krossade rödpepparflingor
- 2 teskedar hackad vitlök
- 1 kopp farinsocker

INSTRUKTIONER:
a) Blanda ingredienserna i en holländsk ugn eller buljong.
b) Koka på hög under omrörning.
c) Sjud i 5 minuter.
d) Fyll i burkar, lämna 1/2-tums utrymme.
e) Släpp luftbubblor.
f) Stäng burkarna tätt och värm sedan i 5 minuter i ett vattenbad.

86. Pickle Relish

INGREDIENSER:
- 3 liter hackad gurka
- 3 koppar vardera hackad söt grön och röd paprika
- 1 kopp hackad lök
- 3/4 kopp konserverings- eller inläggningssalt
- 4 koppar is
- 8 dl vatten
- 2 koppar socker
- 4 teskedar vardera av senapsfrö, gurkmeja, hel kryddpeppar och hela kryddnejlika
- 6 koppar vit vinäger (5%)

INSTRUKTIONER:
a) Tillsätt gurka, paprika, lök, salt och is i vattnet och låt stå i 4 timmar. Häll av och täck grönsakerna igen med färskt isvatten i ytterligare en timme. Dränera igen.
b) Kombinera kryddor i en krydd- eller ostdukspåse. Tillsätt kryddor till socker och vinäger. Värm till kokning och häll blandningen över grönsakerna.
c) Täck över och kyl i 24 timmar. Värm blandningen till kokande och sjukt het i varma burkar, lämna 1/2-tums huvudutrymme.
d) Ta bort luftbubblor och justera utrymmet vid behov. Torka av kanterna på burkar med en fuktad ren pappershandduk.
e) Justera locken och bearbeta.

87.Tomatillo och avokado Relish

INGREDIENSER:
- 6 -8 tomatillos, skalade och tvättade
- 3 fast mogna avokado, tärnade
- 1 – 2 jalapenos, hackade mycket små
- saft av 2 limefrukter
- 2 teskedar honung
- 1 schalottenlök, finhackad
- 1 vitlöksklyfta, finhackad
- 3 salladslökar, tunt skivade
- 1 litet knippe koriander, hackad
- kosher salt och nymalen peppar efter smak

INSTRUKTIONER:
a) Tärna hälften av dina tomatillos och lägg i en skål. Tillsätt den tärnade avokadon, jalapenos, vitlöken, schalottenlöken, salladslöken och koriandern.
b) Skär resten av dina tomatillos i fjärdedelar och lägg i en liten matberedare eller mixer. Tillsätt limejuice och honung och pulsa några gånger tills tomatillorna är små hackade.
c) Mosa inte för mycket, du vill behålla lite konsistens. Tillsätt blandningen med de tärnade tomaterna och avokadon tillsammans med lite salt (börja med 1/2 tsk) och peppar och blanda försiktigt.
d) Smaka av för smaksättning. Detta kommer att hålla i en lufttät behållare i cirka 2 dagar.

88.Inlagd paprika-lökrelish

INGREDIENSER:
- 6 dl hackad lök
- 3 dl hackad söt röd paprika
- 3 dl hackad grön paprika
- 1-1/2 dl socker
- 6 koppar vinäger (5%), gärna vitdestillerad
- 2 msk konserv- eller inläggningssalt

INSTRUKTIONER:
a) Tvätta och hacka grönsaker. Kombinera alla ingredienser och koka försiktigt tills blandningen tjocknar och volymen reduceras till hälften (cirka 30 minuter).
b) Fyll varma sterila burkar med varm relish, lämna 1/2-tums huvudutrymme och förslut tätt.
c) Förvara i kylskåp och använd inom en månad.

89.Inlagd majsrelish

INGREDIENSER:

- 10 koppar färsk, hel majskärna
- 2-1/2 dl tärnad söt röd paprika
- 2-1/2 dl tärnad söt grön paprika
- 2-1/2 dl hackad selleri
- 1-1/4 koppar hackad lök
- 1-3/4 dl socker
- 5 koppar vinäger (5%)
- 2-1/2 matskedar konserverings- eller inläggningssalt
- 2-1/2 tsk sellerifrö
- 2-1/2 matskedar torr senap
- 1-1/4 tsk gurkmeja

INSTRUKTIONER:

a) Koka majsax i 5 minuter. Doppa i kallt vatten. Skär hela kärnor från kolven eller använd sex 10-ounce frysta majspaket.

b) Blanda paprika, selleri, lök, socker, vinäger, salt och sellerifrö i en kastrull.

c) Koka upp och låt sjuda i 5 minuter, rör om då och då. Blanda senap och gurkmeja i 1/2 kopp av den puttade blandningen. Tillsätt denna blandning och majs till den varma blandningen.

d) Sjud ytterligare 5 minuter. Om så önskas, tjockna blandningen med lourpasta (1/4 kopp lour blandad i 1/4 kopp vatten) och rör om ofta. Fyll varma burkar med het blandning, lämna 1/2-tums huvudutrymme.

e) Ta bort luftbubblor och justera utrymmet vid behov. Torka av kanterna på burkar med en fuktad ren pappershandduk.

f) Justera locken och bearbeta.

90. Kryddig Jicama Relish

INGREDIENSER:
- 9 koppar tärnad jicama
- 1 msk hel blandad inläggningskrydda
- 1 två tums kanelstång
- 8 koppar vit vinäger (5%)
- 4 koppar socker
- 2 tsk krossad röd paprika
- 4 dl tärnad gul paprika
- 4-1/2 dl tärnad röd paprika
- 4 dl hackad lök
- 2 färska finger - het paprika (ca 6 tum vardera), hackad och delvis kärnad

INSTRUKTIONER:
a) Varning: Bär plast- eller gummihandskar och rör inte vid ansiktet när du hanterar eller skär peppar. Tvätta, skala och trimma jicama; tärningar.
b) Placera pickling krydda och kanel på en ren, dubbla lager, 6-tums kvadratisk bit av 100% bomull ostduk.
c) För ihop hörnen och knyt med ett rent snöre. (Eller använd en köpt muslinkryddpåse.)
d) I en 4-liters holländsk ugn eller kastrull, kombinera pickling kryddpåse, vinäger, socker och krossad röd paprika. Koka upp, rör om för att lösa upp socker. Rör ner tärnad jicama, paprika, lök och fingrarna. Låt blandningen koka tillbaka.
e) Sänk värmen och låt sjuda under lock på medelhög värme i cirka 25 minuter. Släng kryddpåsen. Fyll relish i varma pintburkar, lämna 1/2-tums huvudutrymme. Täck med het betningsvätska, lämna 1/2-tums huvudutrymme.
f) Ta bort luftbubblor och justera utrymmet vid behov. Torka av kanterna på burkar med en fuktad ren pappershandduk.
g) Justera locken och bearbeta.

91.Inlagd grön tomatrelish

INGREDIENSER:
- 1 1/2 lbs. röd paprika, tvättad och hackad
- 2 lbs. lök, tvättad och hackad
- 1/2 kopp inläggningssalt
- 10 lbs. gröna tomater, tvättade och hackade
- 1 liter vatten
- 4 koppar socker
- 1 1/2 lbs. grön paprika, tvättad och hackad
- 1 liter 5% vinäger
- 1/3 kopp hemgjord gul senap
- 2 msk majsstärkelse

INSTRUKTIONER:
a) Lös upp salt och häll över grönsakerna.
b) Koka upp och låt sjuda i 5 minuter.
c) Låt rinna av i ett durkslag. Lägg tillbaka grönsakerna i en vattenkokare.
d) Tillsätt socker, vinäger, senap och majsstärkelse. Rör om för att blanda.
e) Koka upp och låt sjuda i 5 minuter.
f) Fyll varma sterila pintburkar med varm relish, lämna 1/2-tums utrymme.
g) Släpp luftbubblor.
h) Stäng burkarna tätt och värm sedan i 5 minuter i ett vattenbad.

92. Inlagd paprika-lökrelish

INGREDIENSER:
- 6 dl hackad lök
- 3 dl hackad grön paprika
- 1 1/2 dl socker
- 3 dl hackad söt röd paprika
- 6 koppar 5% vinäger, gärna vitdestillerad
- 2 matskedar inläggningssalt

INSTRUKTIONER:
a) Blanda alla ingredienser och koka tills blandningen tjocknat i cirka 30 minuter.
b) Ös burkar med varm smak, lämna 1/2-tums utrymme och förslut tätt.

93.Krydd persika äpplesalsa

INGREDIENSER:

- 6 dl hackade romatomater, tvättade och skalade
- 2 1/2 dl tärnad gul lök
- 10 koppar hackade hårda, omogna persikor
- 2 koppar hackade Granny Smith-äpplen, kärnade ur
- 4 msk blandad inläggningskrydda
- 2 1/4 koppar cider 5% vinäger
- 1 msk konservsalt
- 2 tsk krossade rödpepparflingor
- 3 3/4 koppar farinsocker
- 2 dl hackad grön paprika

INSTRUKTIONER:

a) Lägg pickling krydda på en dubbel-lager ostduk. För ihop hörnen och knyt ihop dem.
b) Kombinera hackade tomater, lök och paprika i en holländsk ugn eller såsgryta.
c) Fördjupa persikor i 10 minuter i en askorbinsyralösning.
d) Sänk äpplen i 10 minuter i en askorbinsyralösning.
e) Tillsätt hackade persikor och äpplen i såsgrytan med grönsakerna.
f) Tillsätt kryddpåsen, salt, pepparflingor, farinsocker och vinäger.
g) Sjud i 30 minuter, rör dig sporadiskt.
h) Ta bort kryddpåsen och släng.
i) Fyll fast salsa i varma pintburkar, lämna 1/4 tums utrymme.
j) Täck med matlagningsvätska, lämna 1/2-tums utrymme.
k) Släpp luftbubblor.
l) Stäng burkarna tätt och värm sedan i 5 minuter i ett vattenbad.

94. Kryddig kanel Jicama Relish

INGREDIENSER:

- 9 koppar tärnad jicama
- 1 två tums kanelstång
- 4 dl hackad lök
- 4 koppar socker
- 2 tsk krossad röd paprika
- 4 dl tärnad gul paprika
- 8 koppar 5% vit vinäger
- 1 matsked hel blandad inläggningskrydda
- 4 1/2 dl tärnad röd paprika
- 2 färska finger varm paprika, hackad och delvis kärnad

INSTRUKTIONER:

a) Lägg pickling krydda och kanel på en dubbla lager ed ostduk.
b) Vik och knyt med ett snöre.
c) I en holländsk ugn, kombinera en pickling kryddpåse, vinäger, socker och röd paprika.
d) Koka , rör om för att lösa upp socker.
e) Rör i jicama, paprika, lök och finger hett. Låt blandningen koka tillbaka.
f) Sjud under lock på låg värme i cirka 25 minuter. Släng kryddpåsen.
g) Fyll i varma pintburkar, lämna 1/2-tums utrymme .
h) Täck med het betningsvätska, lämna 1/2-tums utrymme .
i) Släpp luftbubblor.
j) Stäng burkarna tätt och värm sedan i 5 minuter i ett vattenbad.

95. Tranbärs-apelsinchutney

INGREDIENSER:

- 24 uns hela tranbär , sköljda
- 2 dl vitlök , hackad
- 4 tsk ingefära , skalad, riven
- 2 dl gyllene russin
- 1 1/2 dl vitt socker
- 2 koppar 5% vit destillerad vinäger
- 1 1/2 dl farinsocker
- 1 kopp apelsinjuice
- 3 kanelstänger

INSTRUKTIONER:

a) Kombinera alla ingredienser använda en holländsk ugn . Koka på hög ; låt sjuda i 15 minuter .
b) Ta bort kanelstänger och kassera.
c) Fyll i burkar, lämna 1/2-tums utrymme .
d) Släpp luftbubblor.
e) Stäng burkarna tätt och värm sedan i 5 minuter i ett vattenbad.

96. Mango Chutney

INGREDIENSER:
- 11 dl hackad omogen mango
- 2 1/2 msk riven färsk ingefära
- 4 1/2 dl socker
- 1 tsk konservsalt
- 1 1/2 matskedar hackad färsk vitlök
- 3 koppar 5% vit destillerad vinäger
- 2 1/2 dl gul lök, hackad
- 2 1/2 dl gyllene russin
- 4 tsk chilipulver

INSTRUKTIONER:
a) Blanda socker och vinäger i en lagerkruka. Ta med 5 minuter. Tillsätt alla andra ingredienser.
b) Sjud i 25 minuter, rör dig sporadiskt.
c) Fyll blandningen i burkar, lämna 1/2-tums utrymme. Släpp luftbubblor.
d) Stäng burkarna tätt och värm sedan i 5 minuter i ett vattenbad.

97. Tranbärs-apelsinrelish med ingefära

INGREDIENSER:
- 2 dl färska tranbär
- Skal och saft av 1 apelsin
- 1/2 kopp farinsocker
- 1 msk färsk ingefära, riven
- 1/4 tsk kanel
- Nypa salt

INSTRUKTIONER:
a) Pulsera färska tranbär i en matberedare tills de är grovt hackade.
b) Överför de hackade tranbären till en skål och tillsätt apelsinskal, apelsinjuice, farinsocker, riven ingefära, kanel och en nypa salt. Blanda väl.
c) Låt smaken sitta i minst 30 minuter så att smakerna smälter samman.
d) Överför tranbärsapelsinrelishen till rena burkar, förslut och kyl.
e) Denna syrliga och söta smak passar bra till fågelrätter eller som ett festligt tillbehör till semestermåltider.

98.Inlagd fikon och rödlökchutney

INGREDIENSER:
- 2 dl färska fikon, i fjärdedelar
- 1 stor rödlök, tunt skivad
- 1 kopp rödvinsvinäger
- 1/2 kopp honung
- 1 tsk senapsfrön
- 1/2 tsk svartpeppar
- Nypa salt

INSTRUKTIONER:
a) I en kastrull, kombinera kvartade fikon, tunt skivad rödlök, rödvinsvinäger, honung, senapsfrön, svartpeppar och en nypa salt.
b) Låt blandningen sjuda och koka tills fikonen och löken mjuknat.
c) Låt chutneyn svalna innan du överför den till rena burkar. Förslut och kyl.

99.Rostad röd paprika och valnötsrelish

INGREDIENSER:

- 2 stora röda paprikor, rostade, skalade och tärnade
- 1/2 dl valnötter, rostade och hackade
- 2 vitlöksklyftor, hackade
- 2 msk rödvinsvinäger
- 2 matskedar olivolja
- 1 tsk rökt paprika
- Salt och svartpeppar efter smak

INSTRUKTIONER:

a) I en skål, kombinera rostad och tärnad röd paprika, rostade och hackade valnötter, hackad vitlök, rödvinsvinäger, olivolja, rökt paprika, salt och svartpeppar.
b) Blanda ingredienserna noggrant tills de är väl blandade.
c) Låt relishen sitta i minst 30 minuter för att förstärka smakerna.
d) Överför den rostade röda paprikan och valnötsrelishen till rena burkar, förslut och kyl.
e) Denna relish är ett mångsidigt tillbehör, perfekt att breda på smörgåsar eller servera tillsammans med grillade grönsaker.

100.Ananas Mint Chutney

INGREDIENSER:
- 2 koppar färsk ananas, tärnad
- 1/2 dl rödlök, finhackad
- 1/4 kopp färska myntablad, hackade
- 1 jalapeñopeppar, finhackad
- 2 msk limejuice
- 2 matskedar honung
- Nypa salt

INSTRUKTIONER:
a) I en skål, kombinera tärnad färsk ananas, finhackad rödlök, hackade färska myntablad, finhackad jalapeñopeppar, limejuice, honung och en nypa salt.
b) Blanda ingredienserna väl för att säkerställa jämn fördelning av smakerna.
c) Låt chutneyn svalna i kylen i minst 1 timme innan servering.
d) Servera denna ananasmintchutney som en uppfriskande sida till grillad kyckling, fisk eller som topping för tacos.

SLUTSATS

När vi avslutar vår smakrika resa genom "100 marinade recept som kan saltas, stekas och ätas" hoppas vi att du har upptäckt glädjen i att förvandla vanliga ingredienser till extraordinära inlagda läckerheter. Varje recept på dessa sidor är ett bevis på den kreativitet, mångsidighet och läckerhet som betning ger till bordet.

Oavsett om du har njutit av klassisk dillgurka, njutit av söta och syrliga toner av inlagda frukter eller njutit av den krispiga godheten hos stekt pickles, litar vi på att dessa 100 recept har väckt din kulinariska fantasi. Utöver burkarna och saltlaken, må konsten att sylta bli en inspirationskälla och ge dina måltider en explosion av smak och spänning.

När du fortsätter att utforska inläggningens värld, må "Pickled" vara din pålitliga följeslagare, som guidar dig genom nya smakkombinationer, uppfinningsrika tekniker och de oändliga möjligheterna att förvandla vardagliga ingredienser till inlagd perfektion. Här är det förtjusande crunchen, de djärva smakerna och den oändliga glädjen av pickling – heja på en värld full av syrlig godhet!

www.ingramcontent.com/pod-product-compliance
Lightning Source LLC
Chambersburg PA
CBHW071859110526
44591CB00011B/1482